Jakobsweg Spanien

Klaus Harnach

Karten-Legende auf den Umschlagklappen

KOMPASS

Wanderführer

Impressum

1. Auflage 2011 Verlagsnummer 5912 ISBN 978-3-85026-244-6

Text und Fotos: Klaus Harnach

Grafische Herstellung und Wanderkartenausschnitte: © KOMPASS Karten GmbH

Alle Angaben und Routenbeschreibungen wurden nach bestem Wissen gemäß unserer derzeitigen Informationslage gemacht. Die Wanderungen wurden sehr sorgfältig ausgewählt und beschrieben, Schwierigkeiten werden im Text kurz angegeben. Es können jedoch Änderungen an Wegen und im aktuellen Naturzustand eintreten. Wanderer und alle Kartenbenützer müssen darauf achten, dass aufgrund ständiger Veränderungen die Wegzustände bezüglich Begehbarkeit sich nicht mit den Angaben in der Karte decken müssen. Bei der großen Fülle des bearbeiteten Materials sind daher vereinzelte Fehler und Unstimmigkeiten nicht vermeidbar. Die Verwendung dieses Führers erfolgt ausschließlich auf eigenes Risiko und auf eigene Gefahr, somit eigenverantwortlich. Eine Haftung für etwaige Unfälle oder Schäden jeder Art wird daher nicht übernommen. Für Berichtigungen und Verbesserungsvorschläge ist die Redaktion stets dankbar.

Korrekturhinweise bitte an folgende Anschrift:
KOMPASS-Karten GmbH, Kaplanstraße 2, A-6063 Rum/Innsbruck
Tel.: 0043/(0)512/2655610, Fax: 0043/(0)512/2655618
kompass@kompass.at, www.kompass.at

Klaus Harnach

ist Freier Journalist und geprüfter Wanderführer des Deutschen Wanderverbandes. Er arbeitete lange in der Sportberichterstattung im In- und Ausland und durchstreift regelmäßig an den Wochenenden Wald und Flur. Zu seinen Lieblingsbeschäftigungen gehören weite Fernwanderungen, die er, allein auf sich gestellt, mit Rucksack, Kompass und Karte oft wochenlang ausdehnt. Klaus Harnach ist auch Autor der KOMPASS-Titel „Rheinsteig“ sowie – zusammen mit Falco Harnach – des Jakobswegführers „Deutschland-Süd I: Fulda – (Nürnberg) – Ulm – Einsiedeln“.

Vorwort

Nehmen Sie sich vier bis sechs Wochen Zeit, in denen Sie Ihr Zuhause gedanklich völlig hinter sich lassen – wie früher die mittelalterlichen Pilger. Die brauchten ein halbes Jahr oder länger. Gehen Sie einfach los, an manchen Tagen kurz und langsam, an anderen weit und schnell. Sie werden manchmal glücklich in einer Wiese liegen und Störchen, Milanen oder Geiern im Himmelsblau zuschauen, aber manchmal auch über Kälte und Regen fluchen und Ausschau nach dem nächsten Flughafen halten. Eines Tages stehen Sie dann mit großen Augen vor der Kathedrale von Santiago de Compostela oder gar am Leuchtturm von Cap Finisterre – galizisch: Cabo Fisterra –, dem „Ende der Welt“ (finis terrae). Ich verspreche Ihnen: Sie werden sich unbeschreiblich fühlen und dankbar sein, diese Pilgerreise gemacht zu haben. Und seien Sie sicher, dass Sie am Ende wahrscheinlich manche Dinge Ihres Lebens etwas anders, vor allem gelassener als zuvor sehen werden.

Klaus Harnach

Ich habe Frau Professor Dr. Viola Harnach zu danken, die mir wertvolle Tipps und Anregungen für dieses Buch gegeben und den einen oder anderen Fehler aus dem Autorenmanuskript herausgefischt hat.

Inhalt

● Schwierigkeitsgrad ● Ja ○ Bedingt – Nein

Dem CAMINO vorausgeschickt

Nachstehend geben wir Ihnen einige Tipps, die Ihnen das Leben auf dem Jakobsweg, das durchaus seine eigenen Regeln hat, erleichtern. Diese Vorbemerkungen wollen Ihnen helfen, die vielen Kilometer gesund und munter hinter sich zu bringen. Vergegenwärtigen Sie sich immer, dass Ihr Vorhaben, den CAMINO zu begehen, etwas anderes ist als eine gewöhnliche Sonntagswanderung. Planen Sie daher nicht aus Zeit (Urlaubs)-Gründen 30 Kilometer pro Tag, wenn Ihre Kondition vielleicht nur 20 hergibt. Und bedenken Sie bei Ihren Zeitberechnungen, dass die letzten Tages-Kilometer oft sauer werden und man daher langsamer läuft.

Das Credencial

Besorgen Sie sich ein „Credencial" bei einer der Jakobusgesellschaften, z.B. Deutsche St. Jakobus-Gesellschaft, Tempelhofer Str. 21, 52068 Aachen oder einer der anderen Jakobusgesellschaften oder spätestens an der spanischen Grenze. Das ist ein täglich in den Albergues abzustempelndes Wanderpapier, das Sie als Peregrino/a ausweist. Versuchen Sie erst gar nicht, ohne dieses Papier in die sehr preiswerten Herbergen, genannt Albergues (ca. 6,- bis 10,- EUR/Nacht, manchmal sogar kostenlos) hineinzukommen.

Kartentasche

Sehr praktisch ist eine robuste wasserresistente Kartentasche, die man um den Hals hängen kann. Sie sollte vorn durchsichtig zum Kartenlesen sein und hinten zwei bis drei Fächer mit Reißverschluss haben. Dort können Sie Ihr Credencial, diesen Führer, Kugelschreiber, vielleicht auch eine kleine Kamera und sonstiges Material unterbringen. Bei Regen gehört das Teil unter den Anorak; nichts ist so hässlich wie verklebte Ausweise oder dieser Führer, die nass geworden sind...

Gewicht

Der Rucksack sollte voll gepackt nicht mehr als höchstens 8–10 kg wiegen. Unterwegs kommen unvermeidlich 2–3 kg (z.B. Wasser, Verpflegung) hinzu. Das drückt auf Schultern, Wirbelsäule, Knie und Füße. Also: Jedes Gramm einsparen! Ganz ernsthaft: Jedes Gramm!

Was Sie brauchen, was nicht

Grundsätzlich: Kaufen Sie nie nach dem geringsten Preis, sondern immer erstens nach dem geringsten Gewicht und zweitens nach der besten High-Tech-Qualität. Ihre Gesundheit, speziell Ihre Füße und Ihr Rücken, werden es Ihnen danken. Sie benötigen zwei Sätze Leibwäsche, besser deren drei. Eine Garnitur tragen Sie am Körper, 2 x im Rucksack. Mehr nicht, denn Sie waschen täglich, spätestens jeden zweiten Abend.

Überflüssig sind Straßenschuhe. Einfache (und damit leichtere) wasserfeste Latschen, geeignet für die Dusche, tun es nach Wander-Ende auch.

Gerade für die Wäsche gilt Hightech (neu gekauft!!!), weil die über Nacht trocknet, leicht ist und werkseitig mit einem geruchlosen Deo imprägniert wurde, das erst nach 30–50 Wäschen ausgewaschen ist. Dies ist der Grund, warum ältere Hemden und Unterhosen, auch Strümpfe immer sehr schnell „tagelang getragen" riechen, obwohl sie doch gerade erst aus der Waschmaschine kommen. Wie viel intensiver, wenn Sie tagsüber literweise Schweiß vergießen und meistens nur Handwäsche praktizieren können!

Tipp: Wenn Sie unter der Dusche stehen und sich eingeseift haben, spülen Sie den Seifenschaum nicht fort, sondern streifen ihn in die zuvor locker durchgespülte Hightech-Wäsche, trampeln auf den solchermaßen eingeseiften Hemden herum, ehe Sie diese und sich selbst unter der Dusche abspülen.

Überflüssig
Jackett für den Abend? Gestrichen. Schminkkoffer? Bleibt zu Hause. Ein Dutzend Socken? Brauchen Sie nicht. Nochmals: Straßenschuhe? Überflüssig. Große Kamera, 300 mm Teleobjektiv, Stativ? Zu schwer. Fernglas? Auch zu schwer. Schmuck? Zu Hause lassen. Fön? Wozu als Pilger/in?. Denken Sie immer an die 10 kg inklusive Rucksack, der allein schon etwa 2 kg wiegt. Und einen leichten (max. 0,6 kg wiegenden) Daunenschlafsack brauchen Sie auch, denn Bettlaken gibt es in den Herbergen kaum. Decken nur manchmal.

Hygiene
Das A und O sind blitzsaubere Füße, gewaschene Strümpfe, desinfizierte Schuhe (Kohle-Einlegesohlen!), am besten 2 Paar als Polsterung und ein Medikament, das Fußpilz im Ansatz erstickt. Beizeiten eingelaufene Wanderstiefel, innen weich gepolstert und Sauberkeit sind der Trick. Außerdem dürfen die Füße beim Laufen nie nass sein, weil dann die Haut weich wird. Notfalls „Stopp" für diesen Tag und Schuhe trocknen.

Toilettenpapier
Ein, zwei Päckchen Feuchtpapier wären nicht schlecht, falls „es" einen unterwegs einmal überkommt. Außerdem: Nicht in jeder Herberge gibt es Papier. Es reicht ein Notvorrat.

Handtücher
Mitnehmen muss man so etwas. Frottee ist jedoch schlecht, da erstens schwer und zweitens nur langsam trocknend. Nehmen Sie

„Noch Fragen wegen der Entfernung?"

stattdessen Fleece: Das wiegt fast nichts und ist am nächsten Morgen trocken. In Hotels sind Handtücher vorhanden, in Albergues nicht.

Wander-Schuhwerk
Die Meinungen sind geteilt: Besonders junge Leute nehmen gern Sandalen, ältere Wanderprofis meistens knöchelhohe High-Tech-Stiefel. Es macht wenig Spaß, verschlammte, von Kühen zertrampelte und verdreckte Hohlwege oder felsige Bergstrecken in Straßenschuhen oder Riemchentretern begehen zu müssen. Turnschuhe sind sowieso auf steinigen Wegen bald durchgelaufen und dann Schrott. Vor allen Dingen schützen knöchelhohe Wanderstiefel oftmals vor Umknicken beim Stolpern, und das allein ist schon ein unbedingter Grund. Auch hier: Teuerstes High-Tech-Schuhwerk ist billiger als eine unvorhergesehene Rückreise wegen verstauchter Füße oder gebrochener Knöchel. Kaufen Sie die Stiefel etwas größer als Ihre Schuhgröße und polstern sie dann mit 2 über einander gelegten Kohlefasersohlen aus. Es ist ratsam, sich im spezialisierten Sportgeschäft zu informieren. Das gilt auch für die Strümpfe, die zum Langstreckenwandern andere Qualitäten haben müssen als zum Stadtspaziergang.

Praktisch
Zwei (nicht ein!) längenverstellbare Stöcke. Sie helfen in Furten und halten beim Gehen die gesamte Oberkörpermuskulatur in Bewegung. Sie werden sehen, Ihre Finger schwellen nicht mehr an (Wasseransammlungen). Sonst sind sie abends regelmäßig dick... Schon einmal darauf geachtet?

Wasser
Was Sie dringend brauchen, ist genügend (2–3 l) Wasservorrat für unterwegs. Sie schwitzen Unmengen Flüssigkeit aus. Wenn Sie die nicht sehr bald ersetzen, sind Sie mit Ihrer Kondition viel schneller am Ende, als wenn Sie trinken – viel trinken! 0,2 l (kl. Flasche) nützen auf 20 km ohne Wasserstelle nicht viel. Sie sind weniger leistungsfähig, als Sie sein könnten, und bei Hitze kann das lebensbedrohlich werden. Nehmen Sie aus Gewichtsgründen die PET-(Plastik)Flaschen der Getränkehersteller. PET-Flaschen samt Inhalt bekommen Sie in jedem spanischen Tante-Emma-Laden. Ein Aluminium-Becher dazu ist praktisch für Brunnen.

Kopfbedeckung und Rucksack
Superwichtig: Heller Hut + Sonnencreme gegen die mitunter erbarmungslose Sonne sowie vielleicht noch ein Goretex-Regenhut mit breiter Krempe. Zwei Tage Schnürlregen machen ohne wasserdichte Kopfbedeckung noch weniger Spaß als solch ein Tag ohnehin. Außerdem sollte Ihr moderner Tourenrucksack einen Regenschutz (Raincover) haben. Es ist schlimm, wenn abends der Schlafsack durchnässt ist! Packen Sie den Schlafsack sicherheitshalber zusätzlich in eine stabile Plastiktüte.

Wanderapotheke
In Ihrer Wanderapotheke sollten u.a. 1 Elastische Binde mit Klammern, modernes Blasenpflaster (reichlich!), Fußpilzmedikament, Schmerzmittel, Durchfallmedikament, persönliche Pillen vorhanden sein. Auch hier: Nichts wirklich Überflüssiges einpacken. Apotheken gibt es in Spanien reich-

lich, selbst in kleineren Orten. Natürlich nicht in jedem Dorf.

Regen/Wind-Jacke.
Federleicht und wind/wasserdicht, so soll sie sein. Ein leichter Poncho ist bei Dauerregen nicht zu verachten. Aber leicht muss er sein, und atmen sollte er können. „Absolut wasserdicht“ ist unbrauchbar, weil man darunter zu sehr schwitzt. Vorn völlig offene Umhänge haben sich bewährt, weil Luft darunter kommt. Geschlossene Fahrradumhänge sind schlechter.

Geschirr?
Brauchen Sie nicht. Allenfalls ein Klappmesser und vielleicht einen Alu-Becher. **Walkman**? Bleibt zu Hause, **Bücher** auch.

Telefon
Automaten (50-Cent-Münze rein, Ländervorwahl, z.B. 0049 + Ortsvorwahl ohne Null + Rufnummer) gibt es in Spanien reichlich. Daher das Handy (+ Gewicht des Ladegeräts!) am besten zu Hause lassen. Andererseits: Sie können auch in der Wildnis bei Sturz um Hilfe rufen.

Elektrischer Rasierer
Eigentlich wegen des Gewichts (Ladegerät!) auch überflüssig. Erstens rasiert man sich als Vagabund nicht täglich und zweitens tut's ein federleichter Klingenapparat auch.

Schuhputzzeug
Das ist überflüssig. Na und? Spätestens im feuchten Gras des nächsten Morgens sind die Wanderstiefel wieder einigermaßen sauber. Gründlich imprägniert wurden sie ja bereits zu Hause. Imprägnierung kann man im spanischen Supermarkt nachkaufen.

Kompass?
Der Jakobsweg ist so gut markiert, dass jegliches Navigationsgerät überflüssig erscheint. Gewicht sparen! Dieses Wanderbuch mit seinen Wegebeschreibungen und Landkarten sollte reichen, ist allerdings auch wegen der Infrastrukturangaben wichtig. Wenn

Uralte Brücke des Jakobsweges in Villatuerta.

Sie im Gelände einmal nicht wissen, ob Sie rechts oder links gehen sollen, betrachten Sie aufmerksam den Boden. Die Abdrücke von Wanderschuhen und Fahrradreifen weisen unweigerlich in die richtige Richtung. Meistens.

Was ist sonst noch wichtig?
Wäscheklammern, sind nötig! Denken Sie daran: Sie waschen täglich, mindestens alle zwei Tage. Die Empfehlung anderer Wanderkollegen, das Wäscheleinen/Windproblem mit Sicherheitsnadeln zu lösen, verursacht spätestens in einem modernen Polyesterhemd Loch an Loch an Loch. Stattdessen Baumwolle nehmen? Trocknet nicht über Nacht und ist schwer. Dann doch lieber ein Dutzend Plastikklammern und 5 m dünne Plastikkordel als Leine. Praktisch am Rucksack sind vier oder sechs metallene Gardinenklammern. An denen kann man alles Mögliche befestigen, etwa vorübergehend den Hut, ein Paar noch feuchte Strümpfe, ein nasses Handtuch, ein gewaschenes Hemd...

UTM-ANGABEN
Alle Geräte ändern im Verlauf des Tages ihre Messungen. Daher stimmen die Angaben dieses Buchs immer in den ersten 3 bzw. 4 Stellen, während die restlichen Stellen differieren können. Die gesamte Strecke dieses Buchs befindet sich in den Zonen 30T und 29T. Die Grenze liegt kurz vor Astorga. Um Platz zu sparen, wird dies nicht jedes Mal erwähnt.

NOTRUF
Überall in Spanien unter 112, es gibt auch noch andere Nummern .

Möglichkeiten der ANREISE:
Sofern Sie nicht fliegen (Bilbao oder Toulouse, auch Pamplona) nehmen Sie ICE + Thalys nach Paris, fahren dort mit der Metro oder einem Taxi für wenig Geld zum Gare d'Austerlitz, besteigen den reservierungspflichtigen Nachtschnellzug nach Pau und steigen dort in einen Regionalzug nach Oloron-Ste.-Marie. Vor dem Bahnhof wartet schon ein Bus zum Somport-Pass. Das Ticket gibt es im Bus. Der bringt Sie 55 km weit zur Grenze in 1640 m NN, sofern Sie die Höhe nicht selbst erklimmen wollen (etwa drei Tagereisen). Nach St. Jean-Pied-de-Port steigt man in Bayonne aus (sowohl von Paris als auch von Toulouse kommend) und dort in den Regionalzug (sehr schöne Gebirgslinie).

Fast wie im Schwarzwald, jedoch Spanien.

Der Navarrische Weg
Der Aragonische Weg
Der Französische Weg

Schwierigkeitsbewertung

Blau
Diese Tagesetappen sind einfach. Sie haben eine Länge von etwa 15 bis 22 km und es sind verhältnismäßig wenige und moderate Steigungen.

Rot
Diese Tagesetappen sind anspruchsvoller. Sie sind entweder länger als etwa 22 km und/oder haben Steigungen, die entweder sehr lang oder steil oder beides sind. Insgesamt sind sie jedoch für jedermann begehbar, der/die im Wandern etwas geübt ist.

Legende

Kilometerangabe

Gehzeit

Unterkunfts- und Einkehrmöglichkeiten

Wichtige Information

Kartenlegende auf den Umschlagklappen

Der Navarrische Weg
1. Tag: St.-Jean-Pied-de-Port – Roncesvalles
Der härteste Tag gleich am Anfang

Ausgangspunkt: St.-Jean-Pied-de-Port, Bahnhof | **Charakter:** Sofern Sie die Strecke komplett durchlaufen, schwer, weil lang und über die Pyrenäen. Sinnvoller ist es, am ersten Wandertag in Orisson zu übernachten. | **Unterkunft/Einkehr: St.-Jean-Pied-de-Port:** Refuge Esprit de Chemin, rue de la Citadelle 40 (Niederländer); Refuge Vieille Navarre, rue de la Citadelle 55 (Gemeindealbergue); Refuge Sous un Chemin d'Etoiles, rue d'Espagne 21; Albergue Etchegoin, Route d'Uhart 9; Hotel des Ramparts, Place Floquet 16; **Honto:** Albergue, Gasthof; **Orisson:** Albergue (Berggasthaus, Anmeldung empfehlenswert, Tel. 0033-681-497956); **Roncesvalles:** Albergue, Jugendherberge, Hostals

Schwer | 26 km | 8 Std.

Angenommen, Sie sind mit dem Bummelzug landschaftlich sehr reizvoll von Bayonne nach St.-Jean-Pied-de-Port gefahren. Sobald Sie den Bahnhof verlassen, finden Sie eine große Orientierungstafel. Gehen Sie in den Ort durch ein schönes Mauertor am Place Charles de Gaulle (UTM 643331 / 4780489), dann in die Rue de France und links hinauf (UTM 643362 / 4780431) in die Rue de la Citadelle. Dort gibt es in der Hausnummer 37 den ersten Stempel in Ihr Credencial sowie eine Menge nützliches Info-Material. Der Camino hingegen führt rechts die Straße steil hinab und unter dem Kirchturm hindurch zur Brücke über die Nive. Ziemlich am Ortsausgang kommen Sie an die Straßengabel D 301 / D 428. Halten Sie sich rechts (D 428). Die Wanderzeichen sind jetzt ein weißer, darunter ein roter waagerechter Strich, das Zeichen des GR 65. Auch die Jakobsmuschel ist schon hier und da zu sehen.Sie können den Camino nicht verfehlen.

Bei schlechtem Wetter empfehlen wir die Landstraße D 933 über Arnéguy. Sie ist sicherer und auch niedriger gelegen. Wir beschreiben die landschaftlich reizvollere „Route Napoléon“, auf der man

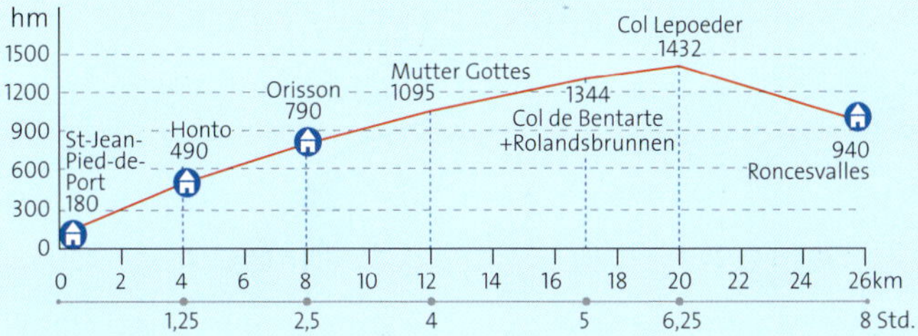

sich im Nebel aber schnell verlaufen kann. Im Laufe der letzten Jahre sind mehrere Pilger im Schneesturm umgekommen, andere mussten aus Bergnot mit dem Hubschrauber gerettet werden. Nach reichlich 2 km bergauf kommen Sie bei UTM 643251 / 4777544 an eine Wegegabelung. Bleiben Sie geradeaus.

An der nächsten Wegegabel (UTM 643282 / 4777102) gehen Sie schräg rechts, dem Wegweiser „Refuge / Auberge Orisson" folgend. Auch ein Wegweiser „Roncesvaux" steht

Der Camino in St.Jean-Pied-de-Port.

Wegweisepfahl

KOMPASS INFO

La Porte d'Espagne, das Tor nach Spanien
In alten Zeiten nutzte jeder, der von St.-Jean-Pied-de-Port nach Spanien wollte oder aus Spanien kam, diese Straße und dieses Tor des befestigten Grenzorts. Hier entlang führte schon zur Römerzeit die Via Traiana.

hier. Nach dort sind es noch ungefähr 25 km, nach Orisson 5 km (Übernachtungsmöglichkeit). Auch in Honto (UTM 642766 / 4776124, Voranmeldung nicht erforderlich) können Sie übernachten (Albergue, Gasthof). Von hier haben Sie einen grandiosen Ausblick hinunter nach St.-Jean-Pied-de-Port. An dem Gasthof/Albergue vorbei geht man geradeaus bergan. Ein Stück weiter finden Sie auch ein Gîte Rural, einen Bauernhof, in dem Sie ebenfalls übernachten können. Die Höhe beträgt in Honto ca. 500 m NN. Zum Pass sind es nun „nur noch“ etwa 900 Höhenmeter.

Achtung! Bei UTM 642869 / 4775834 knickt die Asphaltstraße scharf rechts ab. Geradeaus und dann links haltend führt ein breiter Feldweg links um eine bewal-

KOMPASS INFO

Die ersten Pyrenäengeier
In Orisson können Sie mit ein wenig Glück die ersten Gänsegeier am Himmel sehen. Ohne einen Flügelschlag schweben die großen Vögel mit dem extrem kurzen Stoss (Schwanz) und der ziemlich großen Spannweite (über 2 m Entfernung von Flügelspitze zu Flügelspitze) majestätisch an den Berghängen entlang. Auch den noch größeren Bartgeier gibt es in den Pyrenäen, jedoch ist dieser größte der Altweltgeier selten.

Die Auberge Orisson.

„Die Mutter Gottes".

ⓘ KOMPASS INFO

Die Route Napoléon
Als „Route Napoléon" wird eigentlich die Straße von der Mittelmeerküste nach Paris bezeichnet, die der große Korse 1815 über Sisteron und Gap nach Grenoble nahm. Aber auch der Nachschubweg, den er für seine Unternehmungen in Spanien auf der uralten Passstraße über die Pyrenäen bauen ließ, wird R.N. genannt. Es ist mehr oder weniger die Trasse, auf der Sie jetzt wandern.

dete Bergkuppe herum. Das ist der Camino. An einem Mast kurz hinter der Kurve sieht man die weiß-roten Linien der GR-Markierung gekreuzt: Hier nicht auf der Fahrbahn weitergehen. Allerdings können Sie, besonders bei schlechtem Wetter, auch auf der Landstraße bleiben. Der Wiesenweg ist lediglich ein – sehr schöner! – Abschneider.

Im weiteren Geländeverlauf ist der Camino durch rote Farbflecken auf den Steinen gekennzeichnet. Besser kann man ihn nicht markieren.

Nach ca. 4 km kommt man an die Auberge Orisson (UTM 643275 / 4774408). Hier kann man über-

Herrliche Fernsicht von der Auberge Orisson.

KOMPASS INFO

Die Rolandsage
Hier an der spanisch-französischen Grenze soll Roland, der die Nachhut des fränkischen Heeres anführte, mit seinem Horn Olifant den späteren Kaiser Karl den Großen zurückgerufen haben, als er von Basken angegriffen und seine Truppe vernichtet wurde. An diese Zeit (778) erinnert auch Roncesvalles, das die Franzosen Roncesvaux nennen.

nachten (Voranmeldung ratsam), ehe man die nächsten 600 Höhenmeter in Angriff nimmt. Vor dem Haus gibt es eine Wasserstelle, an der Sie Ihre Vorräte auffüllen sollten.
4 km hinter Orisson in 1100 m Höhe macht der Asphaltweg einen scharfen Bogen nach rechts. Dort sehen Sie 100 m schräg links eine Figur in die Felsen gebaut: Die Mutter Gottes (UTM 642312 / 4771235). Zu ihren Füßen haben Leute Münzen, Kreuze und andere Andenken abgelegt.

In 1150 m Höhe zweigt bei UTM 641107 / 7470327 die D 128 nach Arnéguy ab. Der Jakobsweg führt geradeaus weiter. Stellen Sie sich vor: Hier sind vor gut 200 Jahren Napoleons Soldaten feldmarschmäßig ausgerüstet und mit schwerer Artillerie des Weges gezogen! Was sind dagegen unsere heutigen 10 bis 12 kg Gewicht im Wanderrucksack?

Bei UTM 641077 / 4768817 verlässt man die Asphaltstraße rechts zum Croix Thibaud. Sie können sich nicht verlaufen, ausgenommen bei Nebel. Jetzt geht es durch die Wiesen hinauf zum Col de Bentarte und zum Rolandsbrunnen, der Grenze zu Spanien. Nach 50 m steht rechts des Weges das schmucklose Thibaud-Betonkreuz.

In den Wiesen gabelt sich nach vielleicht 200 oder 300 m der Weg; gehen Sie rechts hinauf in die Gebirgsscharte. Diese Wegegabel ist relativ stark ausgetreten. Sie haben jetzt eine Höhe von 1260 m NN erreicht. Der Pass vor Ihnen liegt etwa 1400 m hoch und ist bequem zu gehen.

Gelegentlich sieht man am Weg den einen oder anderen Grenzstein. Unmerklich sind Sie an der Grenze zu Spanien und am Rolandsbrunnen (UTM 641334 / 4767485) angekommen. Hier zog schon Karl der Große entlang. 100 m weiter steht der Grenzstein von Navarra. Es sind jetzt noch 765 km nach Santiago de Compostela.

Bei 1436 m NN kommen Sie an eine Wegekreuzung, von der aus Sie

KOMPASS

0 1200 m

unten im Taleinschnitt Roncesvalles liegen sehen. Es ist kein Ort im eigentlichen Sinn, sondern eine kleine Ansammlung von Häusern: die Klostergebäude. An dem abzweigenden Weg bei UTM 639482 / 4766411 geht man geradeaus. Der Abzweig links ist stellenweise steil und bei Nässe schwierig.

Wieder ein Stückchen weiter haben Sie die Wahl, auf der Straße zu bleiben oder ein wenig links in einen weiß/rot markierten Wiesenweg abzubiegen. Der Weg durch die Wiese und wenig später durch den Wald ist angenehm zu laufen und trifft bald wieder auf die Straße, die er abschneidet.

Unten im Tal kommt man an eine Kapelle mit modernem Betonkreuz (Monumento de Roldán). Hier ist die Puerto de Ibañeta. Biegen Sie links ab und folgen einem Wanderweg in die Wiesen. Bei großer Nässe bleiben Sie besser auf der Landstraße, die dann bequemer zu laufen ist. Bei UTM 636937 / 4763234 erreichen Sie Roncesvalles.

KOMPASS INFO

Roncesvalles (Roncevaux)
Roncesvalles ist geschichtsträchtig. Am südlichen Fußpunkt der Pyrenäenüberquerung hielten sich schon die Römer auf. Später (778) ließ Karl der Große hier die Toten des Überfalls auf den Ritter Roland begraben. 1130 wurde eine Augustinerabtei gegründet, die noch heute besteht.

Die Albergue (14. Jh.) befindet sich in einem der Gebäude, soll jedoch neu gebaut werden und 2012 fertig sein. Auch Napoleons Truppen lagerten in dem Bau. Außerdem gibt es eine Jugendherberge, 2 Hostals und 2 Restaurants – sonst außer dem Kloster nichts, vor allem kein Dorf.

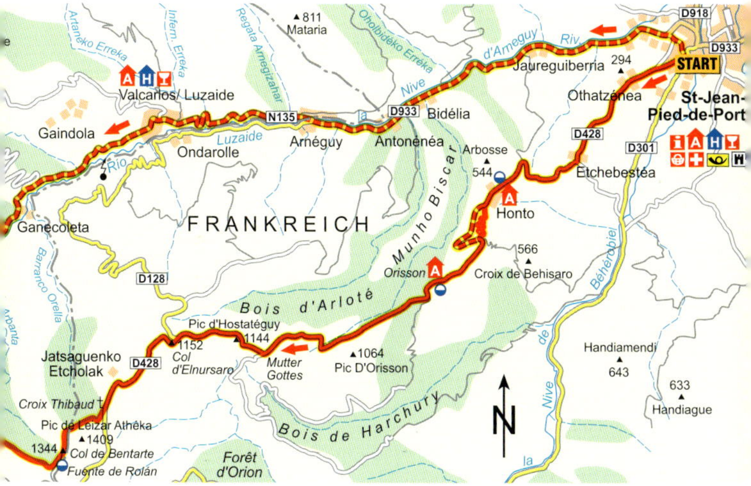

2. Tag: Roncesvalles – Zubiri

Durch schöne Mittelgebirgslandschaften – fast wie zu Hause

Ausgangspunkt: Roncesvalles | **Charakter:** leicht. Angenehm zu laufen. Nochmals Blick zurück auf die bezwungenen Pyrenäen-Höhen. | **Unterkunft/Einkehr: Auritz/Burguete:** Hotel ***, Hostals, Casas Rurales, Tienda, Apotheke, Arzt, Bar; **Auritzberri/Espinal:** Hostal, Casas Rurales, Bar, Camping; **Biscarreta/Guerendiain:** Albergue, Casa Rural, Bar, Tienda; **Erro:** Albergue, Hostal; **Zubiri:** 2 Albergues, Hotel, Restaurant, Supermarkt, Apotheke

Leicht | 22 km | 6,5 Std.

Gehen Sie von Roncesvalles die N-135 bergab und dann rechts parallel auf einen Wanderweg. Nach 2 km steht links ein Betonkreuz „Cruz de Roldán", früher „Cruz Blanca" (weißes Kreuz, zerstört 1794).

Im nächsten Ort Auritz/Burguete können Sie einkaufen. 100 m hinter der Kirche zweigt man an einer Bank rechts ab. Neben einer alten Furt quert man einen Fußgängersteg.

Genauso gut könnte man die N-135 weitergehen, jedoch ist der GR 11 durch Wiesen und Felder schöner. Vorsicht! Bei UTM 633591 / 4760763 gehen Sie den Schotterweg steil bergan, am nächsten T-Stück rechts und 50 m weiter die Asphaltstraße rechts bergab.

Der nächste Ort heißt Auritzberri / Espinal. Halten Sie sich links zur Kirche. Achtung! Mitten im Ort biegt man bei UTM 632699 / 4759868 links ab. Biskarreta/Guerendiain liegt 5 km voraus.

Wenn Sie die Steigung hinter sich gebracht haben und rechts abgebogen sind, gehen Sie bei UTM 631937 / 4759464 links durch ein Tor. Der Umweg über den GR 65 ist zwar ein bisschen schweißtreibend, jedoch wird er mit einer wunderschönen Aussicht belohnt. Jenseits der Straße geht man auf einen Waldweg, der die Serpentinen der N-135 verkürzt und sicherer ist. Einen kleinen Vorgeschmack auf spätere Wege bekommen Sie auf den nächsten Kilometern: Ein schmaler Trampelpfad, nach Regen richtig matschig und von vielen Kühen begangen. Das Ergebnis können Sie sich vorstellen. Es macht wenig Freude, auszurutschen und mit dem Rucksack im Kuhschiet zu landen. Hin-

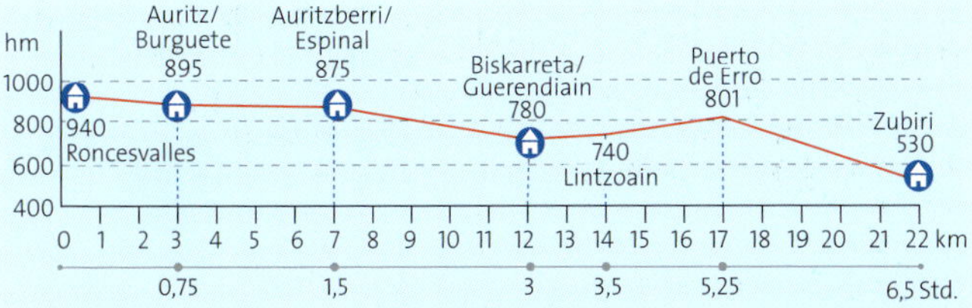

weis für Radfahrer: Bleiben Sie lieber auf der Landstraße. Hinweis für Fußpilger: Bei stärkerem Regen gilt das auch für Sie. Der Weg ist stellenweise glitschig und kann bei einem Guss zum Bachbett werden.

Nach einer Weile überquert man eine Furt auf Trittsteinen und kommt an eine größere Straßengabel. Halten Sie sich rechts und 50 m weiter links Richtung Zubiri (11 km).

In Biskarreta/Guerendiain kann man sich versorgen, biegt im Ort rechts ab und 30 m weiter am Supermarkt schräg links ein. Bei UTM 627004 / 4757979 kommen Sie bei Lintzoain an ein T-Stück. Die Wasserstelle im Ort ist die letzte „Tank-

Im Baskenland sind alle Schilder zweisprachig.

Brücke und Furt in Auritz/ Burguete.

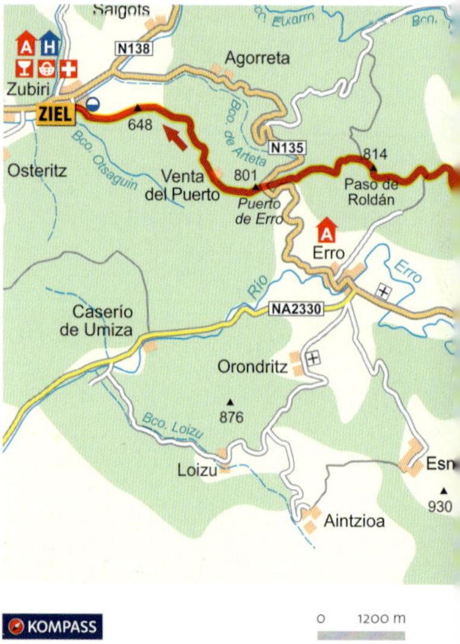

möglichkeit" bis Zubiri. Gehen Sie links/rechts Richtung Alto Erro (4 km). Abermals ein paar Meter weiter geht ein Pfad rechts von der Straße ab in die Wildnis. Nach einiger Zeit gelangen Sie an eine Betonstraße, die Sie überqueren. Nach Zubiri sind es nun noch 6,5 km.

Bei UTM 625613 / 4756837 erreichen Sie mitten im Wald einen Kreuzweg. Folgen Sie der Bezeichnung GR 65, mehr oder weniger geradeaus gehend. Später bei UTM 624789 /

4755469 kreuzt man die N-135. Gehen Sie unter der 3-poligen elektrischen Leitung hindurch und verlassen die breite Ziehstraße nach 50 m schräg rechts in einen Waldweg. Bei einem größeren Steinhaufen geht es abermals schräg rechts und schließlich nach Zubiri hinein. Am Ortseingang gehen Sie über eine mittelalterliche Brücke (UTM 622129 / 4754489) und zu einer der Unterkünfte.

Sie haben die Wahl: Furt oder Trittsteine.

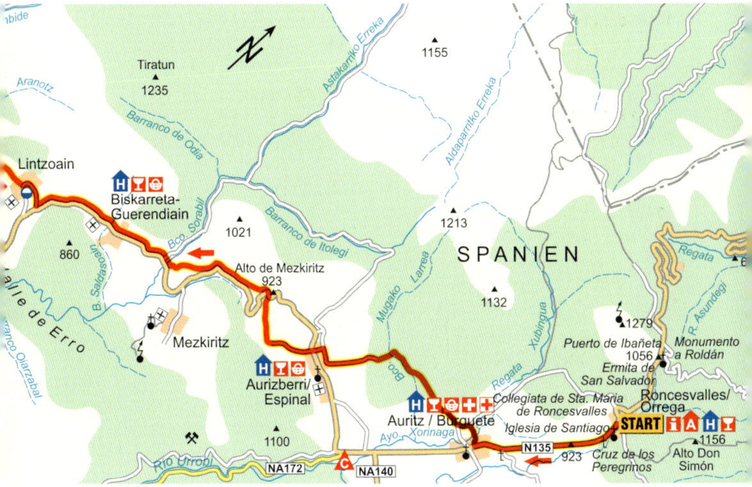

3. Tag: Zubiri – Pamplona

In die Stadt der Stiertreiben

Ausgangspunkt: Zubiri | **Charakter:** Schöne Wanderung mit wenig Steigungen und Gefällen | **Unterkunft/Einkehr: Larrasoaña:** Albergue, Hostals, Bar; **Akerreta:** Hotel **; **Huarte:** Albergue, Hotels; **Villava:** Kloster-Albergue, Hostal; **Burlada:** Hotel; **Pamplona:** 2 Albergues (deutsche Albergue Casa Paderborn, Albergue Jesús y María); Hotels, viele Hostals, Apotheken, Post, alle Einkaufsmöglichkeiten

Leicht | 22 km | 5,5 Std.

In Zubiri geht man zurück zu der Brücke und dann rechts immer geradeaus, vorbei an einem sehr großen Steinbruchwerk (Magnesit). Nach etwa 3 km kommen Sie auf schöner Strecke oberhalb des Flusses nach Ilarratz und Eskirotz, schließlich nach Akerreta (Hotel **).

KOMPASS INFO

Rio Arga ? Rio Ulzama ?
Welchen breiten Fluss überquert man nun eigentlich in Villava? Diese Frage hat schon den/die Autoren des mittelalterlichen Pilgerführers beschäftigt. Das lag daran, dass beide Flüsse wenig später zusammenfließen. Also: Wir überqueren den Ulzama. Der Arga fließt ein wenig südlich. Dummerweise haben die offiziellen spanischen Landkarten gerade hier einen Blattschnitt ohne Überlappung, was die Identifikation nicht leichter macht.

Folgen Sie immer dem Fluss Arga via Zuriain nach Irotz und überqueren den Rio Arga bis in einen Park (nicht zu verfehlen). Ein Stück weiter sieht man rechts oben am Hang die Kirche von Zabaldika (13. Jh.). Der Camino führt ein wenig unterhalb vorbei oder aber eben durch den Park im Tal.

Für Radfahrer: Bald wird es oben stellenweise schwierig. Die Landstraße wäre für Sie vielleicht besser.

In einem Tunnel unterquert man 2 km weiter die N-121 A, steigt nochmals ein wenig rechts und kommt dann zu der mittelalterlichen Brücke über den Rio Ulzama. Die Kirche an ihrem Ende heißt Trinidad de Arre mit ihrer Kloster-Albergue. Nun sind es noch 3,5 km bis Pamplona. Man geht nun links durch die Calle Mayor in die ineinander übergehenden Städte Villava und Burlada. An einem Rondell, auf dem eine rostige, also sehr mo-

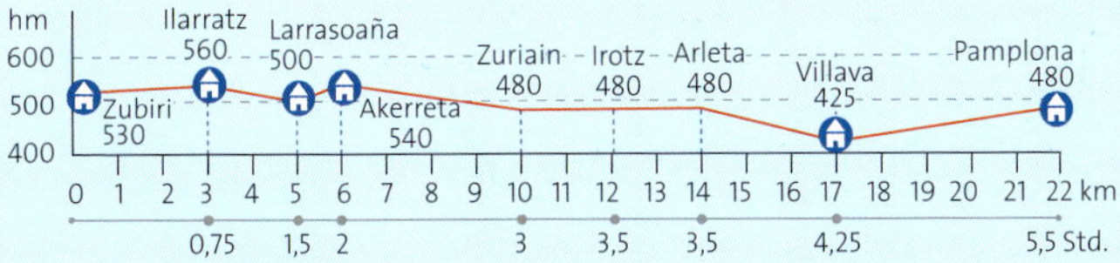

derne Plastik steht, biegt man rechts ab in die Calle Larrainzar. Am Ende einer „endlosen" Straße kommen Sie an den Rio Arga mit der alten Bücke Puente de la Magdalena (16.Jh.), über die die Pilger einst und heute Pamplona erreichten. Unmittelbar links hinter dieser Brücke geht man zu der von Deutschen betriebenen Albergue „Casa Paderborn", während man geradeaus durch die Stadt zu der (größeren) Albergue „Jesús y Marîa" gelangt. Die Touristen-Information befindet sich an der Plaza San Francisco in der Stadtmitte. Dort bekommen Sie einen Stadtplan.

Brücke in Villava über den Rio Ulzama.

KOMPASS INFO

Pamplona / Iruña
Pamplona, die Hauptstadt des alten Königreichs Navarra, kam 1512 zu Kastilien. Sie ist heute mit etwa 200.000 Einwohnern Landeshauptstadt, hat 2 Universitäten und ist Partnerstadt von Paderborn. Aktuelle Berühmtheit erlangte Pamplona durch die jährlichen Stiertreiben während der Festwoche „Sanfermines“ Anfang Juli, bei der es mitunter Tote gibt. Mächtige Kampfstiere werden durch die Innenstadtstraßen in die Arena gehetzt, wo sie sich später mit Torreros anlegen. Ernest Hemingway lebte länger hier und beschrieb die Fiestas im Roman.

Stadtgründung und Namensgebung gehen auf den römischen Kaiser Pompeius (1. Jh. v.Chr.) zurück, jedoch gab es schon früher eine baskische Besiedlung. Im Laufe seiner Geschichte wechselten die Dynastien oftmals, auch zwischen Moslems (714 – 750) und Christen. Zeiten der Blüte (Jakobsweg) folgten Notzeiten. Heute ist Pamplona eine der wirtschaftlich erfolgreichsten Städte Spaniens.

Berühmte Söhne der Stadt sind der virtuose Geiger und Komponist Pablo de Sarasate (1844 – 1908) sowie im Sportbereich Miguel Indurain, der mehrfache Tour-de-France-Sieger. Ignatius von Loyola, der Mitbegründer der Societas Jesú (SJ), des kath. Jesuiten-Ordens, kam hier zu intensivem christlichem Glauben, nachdem er als Offizier lange Zeit verwundet in Pamplona gelegen und sein Leben radikal geändert hatte. Es gibt noch alte Stadtmauern, die berühmte gotische Kathedrale und andere alte Kirchen, alte Patrizierhäuser sowie eine quirlige Innenstadt mit allen Arten von Geschäften und einer reichen Gastronomie. 2016 wird Pamplona Kulturhauptstadt Europas sein. Hinweis: Was immer Sie kaufen möchten, kaufen Sie es noch am Abend Ihrer Wanderung. Am nächsten Morgen öffnen alle Geschäfte erst sehr spät.

KOMPASS
0 1100 m

Pamplona: Plaza del Castillo.

4. Tag: Pamplona / Iruña – Puente La Reina / Gares

Eine Wanderung zur Brücke der Königin

Ausgangspunkt: Pamplona | **Charakter:** Mittelschwer, da der Weg über eine Bergstrecke führt | **Unterkunft/Einkehr: Cizur Menor:** 2 Albergues, Tienda, Bar, Apotheke; **Uterga:** 2 Albergues, Hostal, Bar, Wasser; **Obanos:** Albergue, Casa Rural, Bars, Tienda, Apotheke; **Puente la Reina:** 3 Albergues, Hotel, Hostals, Apotheke, fast alle Läden, Post

Mittelschwer | 23 km | 7 Std.

Es gibt viele Möglichkeiten, Pamplona zu verlassen. Gehen Sie z.B. von der Calle Mayor durch den Parque de la Taconera in die Calle Fuente del Hierro und weiter geradeaus. Am Stadtrand unterqueren Sie eine Straßenbrücke. Unmittelbar danach halten Sie sich ein wenig rechts. Biegen Sie vor einem Flüsschen um einen Kreisel herum rechts ab; die Straße geradeaus ist für Fußgänger gesperrt. Für die ist die alte Brücke 150 m weiter reserviert.

Den vor Ihnen liegenden Bergrücken, die Sierra de Erreniega, gilt es nun zu überqueren (oben herrliche Rundumsicht!). Man kann ihn auch östlich umgehen und trifft dann in Tiebas oder Biurrun auf den Aragonischen Weg, den man sonst in Obanos erreicht. Sehen Sie die riesigen Steinbrüche links in der Ferne? Dort verläuft der Aragonische Weg vom Somport-Pass her. Ab Obanos heißen dann beide Wege „Camino français".

Überqueren Sie nun eine Bahnlinie und bald darauf die Autobahn A-15. Der nächste Ort ist Cizur Menor. Hier steht links eine alte Wehrkirche der Templer (San Juanista, Rest einer Templerburg) und gleich nebenan eine Malteser-Albergue. Außerdem gibt es die ebenfalls uralte Kirche San Miguel (12.Jh.) sowie eine zweite Albergue. Mitten im Ort biegt man rechts ab (Wegweiser) und hält sich kurz darauf links.

Nach längerem moderatem Anstieg durch die Felder kommt man nach Zariquiegui. Beachten Sie die alten Adelswappen an manchen Häusern und die schöne mittelalterliche Bausubstanz der Kirche!

Was Sie vielleicht befürchtet haben, wird wahr: Die steile „Klamotte" von Weg hinauf zum Berg-

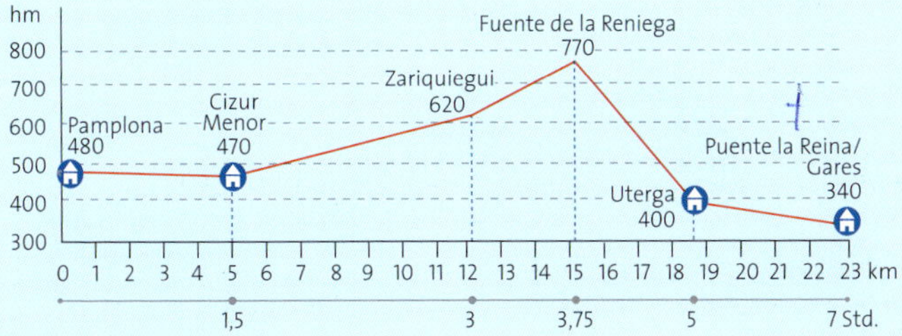

kamm und zu den Windrädern, einem modernen Markenzeichen von Navarra, ist Ihr Weg. Es sind zwar nur gut 100 Höhenmeter, jedoch haben die es in sich. Zwei bemerkenswerte Effekte hat der steile Hang: Erstens bildet er eine Wetterscheide und zweitens kann es passieren, dass an einem sonst trockenen Tag im Anstieg plötzlich durch einen Luftstau Regen einsetzt.

Auf den letzten paar Höhenmetern haben Sie im Kleinformat alles, was Navarra zu bieten hat. Links des Weges Windräder und unpassierbare Macchia, rechts weite Getreidefelder und in der Ferne hohe Berge.

Auf dem Gebirgskamm steht ein stählernes „Monumento al Peregrino". Kreuzen Sie die Straße und gehen gegenüber steil bergab. Der nächste Ort, nun schon in der Ebene, heißt Uterga. An der links unübersehbaren Albergue / Bar / Hostal verlassen Sie die Hauptstraße und gehen auf eine doppelt breite Betonstraße, danach schräg rechts. Achtung! Nach einer kleinen Weile kommen Sie an einen verwunschenen Bach, den

Weite Felder, viele Berge: Navarra.

Ein stählernes „Monumento al Peregrino“.

Sie nur hören, nicht aber sehen. Er ist vollständig von Brombeeren überwuchert. Ein Schild sagt „A Santiago 747 km“. Folgen Sie dem nicht sichtbaren Bachlauf rechts. Im nächsten Ort Muruzábal (Bar) kann man gegenüber dem Bürgermeisteramt links nach Eunate abbiegen (siehe Aragonesischer Weg) Es lohnt sich, denn diese Kirche unbekannter Herkunft sollte man unbedingt gesehen haben!

Nach Obanos indessen gehen Sie geradeaus weiter und biegen am Ortsausgangsschild rechts in einen ziemlich steilen Wanderweg ab. Radfahrer bleiben vielleicht besser auf der Asphaltstraße. Der nächste Ort ein wenig bergauf ist Obanos. Eine Albergue finden Sie in der Nähe der Kirche (UTM

KOMPASS INFO

Luftstaus
Luftstaus entstehen regelmäßig an Gebirgen und auch längeren Hügeln. Da der Wind nicht durch den Berg hindurch kann, wird die Luft angehoben und kühlt ab. Sobald sie die enthaltene Feuchtigkeit nicht mehr unsichtbar festhalten kann und sie an Staubpartikeln kondensiert, entsteht Nebel, den wir von unten als Wolken sehen. Wird die Luft noch ein bisschen kälter, beginnt es zu regnen.

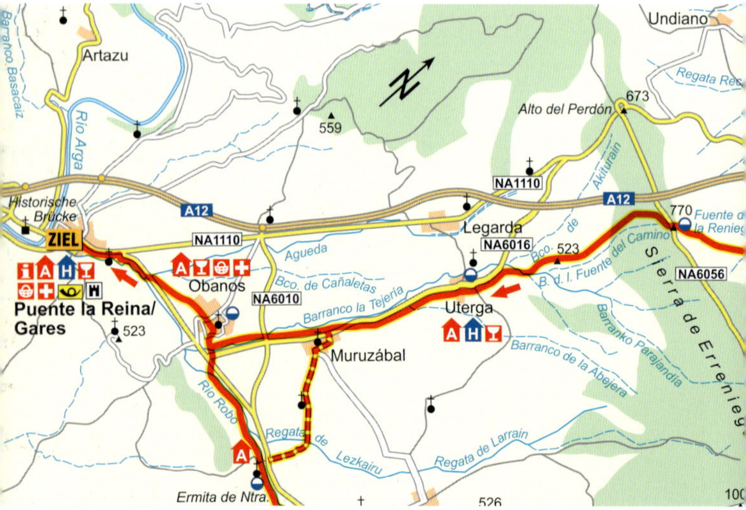

KOMPASS INFO

Zum Nachdenken

Durch diese Gegend sind seit mehr als tausend Jahren Pilger gezogen, wenn auch nicht unbedingt metergenau auf den heutigen Pisten. Nicht die Form des Weges ist entscheidend, sondern die Idee, die dahinter steht: Durch lange Abwesenheit von zu Hause, durch völliges Lösen von gewohnten Abläufen daheim, durch körperliche Anstrengungen, durch viele, viele Begegnungen und Gespräche weltlicher oder auch religiöser Art, durch Nachdenken auf langen Wegen, durch In-sich-gehen, durch merkwürdige Erlebnisse unterwegs und vielerlei mehr sein Leben und seine Ansichten zu verändern. Körperlich werden Sie gestählt nach Hause kommen, geistig und seelisch vielleicht neue Einsichten gewinnen. Mancher hat auf dem Camino, diesem wundersamen Weg, schon zu seinem Gott gefunden, Andere betrachten ihr Leben seither gelassener. Nur: Man muss den Camino schon selbst komplett laufen. Omnibus, Zug oder Taxi zählen nicht ...

599455 / 4725928), falls Sie nicht noch nach Puente la Reina (ca.3 km weiter) wandern wollen. Nach dort geht man in Obanos durch den Torbogen neben der Kirche, vorbei an der supermodernen Sporthalle und dann links herum und wenig später rechts. Bleiben Sie auf der horizontalen Straße. Sie kommen an der sehr alten Ermita de San Salvador (16.Jh.) vorbei. Hier trafen sich im Mittelalter die Pilger aus Saint-Jean-Pied-de-Port mit jenen, die vom Somport herab kamen: Sie stehen am Beginn des Camino français!

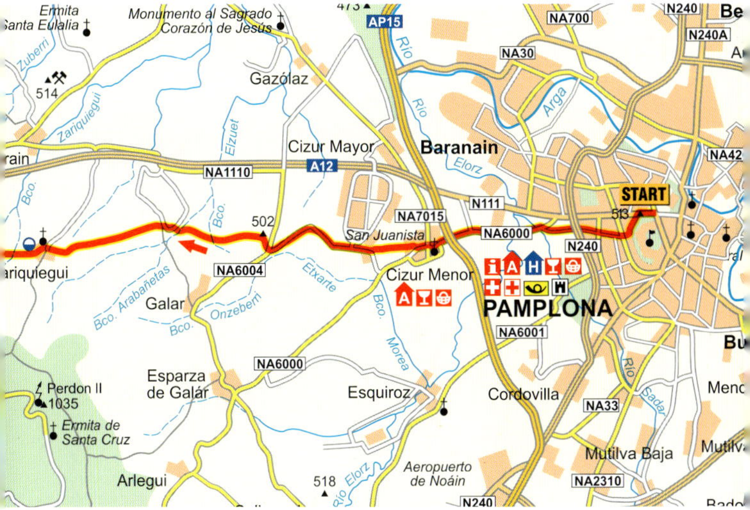

Der Aragonische Weg
1. Tag: Somport-Pass – Villanúa
Prolog: Ein fast alpiner Abstieg

Ausgangspunkt: Somport-Pass | **Charakter:** Zwar relativ kurze Strecke, jedoch starkes Gefälle, teilweise alpin. Daher anstrengend mit Gefahr von Muskelkater. Oder man geht auf der Landstraße. | **Unterkunft/Einkehr: Somport-Pass:** Albergue Aysa, Stempel im Credencial holen! Bar, kleine Tienda; **Candachú:** Albergue, Hotel; **Canfranc-Estación:** Gemeindeherberge, Albergue Pepito Grillo, Hostals, Läden; Anfangsstempel auch im Bürgermeisteramt möglich; **Canfranc-Pueblo:** Albergue, die jedoch nicht immer geöffnet ist, Tel.: 649 860195, Bar; **Villanúa:** Albergue, Jugendherberge, Hotel, Bar.

Schwer | 14 km | 4 Std.

Am Somport-Pass holt man den ersten Stempel und hält sich nach dem Kilometerstein „858 km Santiago de Compostela" links in die Wiesen hinein. Im Tal fließt der Rio Aragón, der uns für lange Zeit begleiten wird. An der Skistation Hospital de Santa Cristina de Somport biegt man links ab, dem Schild „GR 65.3" folgend. Jenseits der Straßenbrücke über den Rio Aragón steigt man eine Treppe links hinauf. Ein Stück unterhalb des Skidorfs und einer weiteren Häuseransammlung muss man beim Abstieg auf die gelben Pfeile achten: 100 m hinter einem kleinen Sendemast zweigt der Camino links in die Wiesen als Trampelpfad vom Fahrweg ab. Allerdings kann man genau so gut den Fahrweg weiter gehen. Ein Stück weiter wird der Feldweg steil und immer steiler. Wanderstöcke sind hier schon ganz praktisch. Wer nicht zwei oder drei Wochen vorher Steigen und Absteigen intensiv trainiert hat, fängt sich wahrscheinlich einen Muskelkater ein. Aber: Nach ein bis zwei Tagen ist auch der überwunden. Wir sind auf dem Camino! Achtung: Wenn Sie in einen

KOMPASS INFO

GR heißt französisch Grande Randonnée oder spanisch Gran Recorrido und bezeichnet internationale Weitwanderwege in Spanien, Frankreich und den Niederlanden.

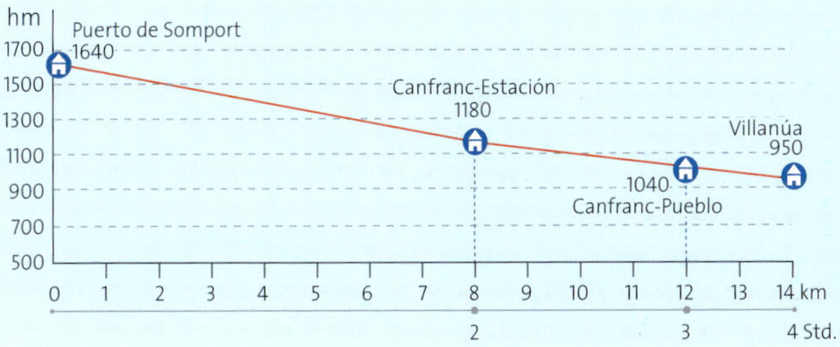

Wald kommen, biegt der Jakobsweg mit GR 65.3 rechts bergab. Wenn Sie weiter unten, vorbei an zwei kleinen gemauerten Schutzhütten (Gewitter können im Gebirge ekelig sein), von einer Treppe auf einen Forstweg stoßen, müssen Sie sich links halten und über eine Brücke durch ein Tor gehen. 100 m weiter verlassen Sie den Fahrweg in einer Serpentine durch einen massiven Holzzaun geradeaus in die Wiesen. Nach einer Weile biegt der Camino bei einem verlassenen Gebäude rechts ab über den Aragón und dann links auf die N 330 nach Canfranc-Estación. Am Ortsanfang halten Sie sich auf der Hauptstraße rechts (nicht in das alte Bahnhofsgelände). Falls Sie den Stempel für Ihr Credencial am Pass zu holen vergessen haben, bekommen Sie ihn in der Hauptstraße im nicht zu übersehenden modernen Bürgermeisteramt Canfranc-Estación in der 1. Etage. Sie werden ihn später brauchen.

Nachdem Sie den Ort mit seinen Läden durchquert haben, umge-

Somport-Pass

Wasserfall hinter Canfranc-Estacion.

KOMPASS INFO

Bemerkenswerter Bahnhof Canfranc-Estación
Nach dem 1. Weltkrieg baute man eine direkte Bahnverbindung Paris – Madrid. Bei Canfranc wurden die Pyrenäen mit einem Tunnel unterquert. Wegen des erwarteten starken Verkehrs (der ausblieb) baute man einen riesigen Grenzbahnhof, würdig einer Großstadt. Wegen der unterschiedlichen Spurweiten in Spanien und Frankreich endeten die spanischen Züge auf einer Seite des Bahnhofs. Die französischen Züge wurden auf der anderen Bahnhofseite eingesetzt. Während des Wechsels von einer auf die andere Gebäudeseite fertigte man die Passagiere zollmäßig ab. Später wurde die Strecke durch ein Unglück unbrauchbar und der Verkehr eingestellt. Geblieben ist das aufwändige Empfangsgebäude. Noch zweimal täglich kommt ein Zug aus Zaragoza.

hen Sie den Tunnel am Ortsausgang links auf der Straße mit breitem Seitenstreifen bis zu der Staumauer. Den nächsten Tunnel müssen Sie, durch eine Leitplanke gesichert, auf der linken Seite durchwandeln. Dahinter geht es links eine Treppe hinunter und dann etwa 100 m unterhalb der Staumauer über einen Steg auf die andere Flussseite.

Später, hinter einem spektakulären Wasserfall, kommt eine unscheinbare Weggabel. Halten Sie sich links und sofort wieder rechts (auf Markierung achten). Der Trampelpfad führt aus dem Wald hinaus auf einen mit Felsschotter gepflasterten Weg und schließlich auf eine Brücke über den Aragón, den Sie überqueren. Von der Land-

straße biegen Sie sofort wieder links in den Ort Canfranc-Pueblo ab.

Am Ortsende kreuzt man bei einer Friedhofsmauer an einem alten Baum (Trinkwasserstelle) den Aragón auf einer mittelalterlichen Pilgerbrücke auf die linke Flussseite. Diese Brücke ist ein gutes Beispiel, wie man im Mittelalter sehr stabile Flussüberquerungen mit hoher Tragkraft baute.

Nach einer ganzen Weile kommt man vor einer Straßenbrücke an eine Wegegabel mit einem Schild „Bunker". Hier hat früher das Militär verteidigt. Wir gehen ein wenig gebückt unter der Brücke hindurch. Hinter dem Tunnel der nächste kleine militärische Bunker – von außen wie aus dem Mittelalter stammend, bei näherem Hinsehen innen aus modernem Stahlbeton. Tarnen und täuschen, diese Maxime gilt offenbar auch für die spanische Armee.

200 m weiter unter der nächsten Straßenbrücke eine spektakuläre Klamm, durch die der Rio Aragón rauscht. Früher einmal war die Straße drüben auf der anderen Flussseite.

Wo der Schotterweg endet, gehen Sie nach rechts über die Brücke des Aragón. Zur Pilgerherberge geht man indes schräg links und an der Straßengabel danach geradeaus (Wegweiser „Refugio", „Bar Triton"). Hier in Villanúa endet die erste Etappe.

KOMPASS INFO

CANFRANC-PUEBLO ist eine uralte Pilgerstation aus dem 11. Jh. Die romanische Parochialkirche Nstr. Sra. de la Asunción mit ihrem wuchtig-gedrungenen Verteidigungsturm ist leider meist geschlossen. Eine ebenfalls romanische einbogige Pilgerbrücke führt am Ortsende über den Aragón.

2. Tag: Villanúa – Jaca

Eine der ältesten romanischen Kathedralen in Spanien

Ausgangspunkt: Villanúa | **Charakter:** Kurz und einfach, viel Zeit für Jaca | **Unterkunft/Einkehr: Castiello de Jaca:** Hostal und Hotels an der N 330; **N 330:** Hotel bei Straßenkilometer 648; **Jaca:** Albergue, **Calle del Conde Aznar:** viele Hotels, Tourist-Info: Tel. 974 360098 an der Kathedrale, Avenida de Francia (Pilgermesse in der Kathedrale 20 Uhr)

Leicht | 14 km | 3,5 Std.

In Villanúa gabelt sich der Camino. Sie können sowohl links als auch rechts des Rio Aragón gehen. Der ursprüngliche Weg verlief rechts des Flusses. Wandern Sie dort für eine Weile an der N330 entlang. Bei Kilometer 656 kreuzen Sie die Nationalstraße nach rechts und kommen wenig später zu einer Ansiedlung des kath. Salesianer-Ordens, vor der Sie links unterhalb abbiegen.

Nachdem man eine Weile an einem mit Betonplatten abgedeckten Kanal entlang gewandert ist, erreicht man eine Straße mit Brücke, ab der der Kanal in offenem

Eisenbahnbrücke bei Castiello de Jaca.

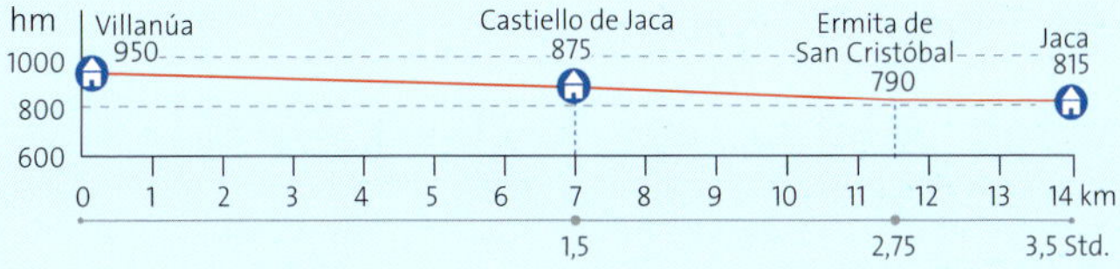

Bett weitergeführt wird. Hier findet sich eine interessante Wanderzeichen-Variante: Die rot-weißen Linien des GR 65.3 sind gekreuzt. Will heißen: Hier darf man nicht weitergehen. Man nimmt die Teerstraße links bergab. Wenig später winkelt man an einem Vorfahrtdreieck scharf rechts ab. Castiello de Jaca heißt der nächste uralte, verteidigungsgünstig gelegene Pilgerort mit seiner romanischen Kirche San Miguel. Es lohnt sich, einmal um die Kirche herumzugehen: Erstens ist der mittelalterliche Bau zumindest von außen ansehenswert und zweitens hat man einen schönen Blick tief hinunter in das Tal des Aragón. Leider ist die Kirche abgeschlossen.

Um weiter zu wandern, lässt man den Aufgang zu der Kirche links liegen und geht geradeaus weiter talabwärts. An der Leitplanke das weiß durchgestrichene Wanderzeichen des GR 65.3 auf der rechten Seite: Hier nicht weitergehen. Unten im Tal kreuzt man die N330 nach schräg rechts (Bar, Hostal) und dann den Aragón auf das linke Ufer. Unmittelbar hinter der Brücke biegt man rechts ab,

Trittsteine

KOMPASS INFO

Jaca
Die Gründung aus vorrömischer Zeit war vor tausend Jahren die Hauptstadt des Königreichs Aragón. Daher finden wir hier auch eine der ältesten (neben San Isidoro in León und San Martin in Frómista) und vorzüglich erhaltenen Kathedralen des Jakobsweges, der nach den Mühen der Pilger in den Pyrenäen durch die Stadt führte und Unterkünfte und vor allem einige Hospitäler bot. Wesentlich später kam eine riesige, sternförmige Festung (16. Jh.) hinzu, die bis in neuere Zeit ihren Dienst tat. Die Altstadt lädt mit ihren vielen Läden, Cafés, Bars und Hotels zum Verweilen ein. Miguel de Cervantes ließ seinen Don Quichote in den Bergen rings um Jaca gegen Riesen und Windmühlenflügel kämpfen ... Wenn Sie zufällig Anfang Mai in der Gegend sind: Am ersten Freitag im Mai wird in Jaca der Sieg der christlichen Armee über die Moslems im 8. Jh. gefeiert. Ansehenswert!

bis man an den Rio Ijuez kommt, den man auf Trittsteinen überqueren muss. Es gibt eine niedrige Reihe für Trockenheit und eine halbmeterhohe für Regenzeiten. Falls ein Stein umgekippt ist, wird die Balanciererei so gut wie unmöglich. Umkehren und die N-330 benutzen, heißt dann die Alternative.

Abermals nach einer Weile kommt man an die Felsenge von Torrijos. Gewaltig sind die schräg liegenden Felsen anzuschauen, ein Beispiel dafür, welche Kräfte vor -zig Millionen Jahren dieses Schichtgestein nach oben gedrückt haben. Die Brücke von 1876 lässt man rechts liegen und geht auf der linken Flussseite eine Treppe hinunter. Nach dem Unterqueren der Beton-Straßenbrücke hält man links zur N-330 hinauf, neben der man auf einer Schotterstraße seines Weges zieht.

Bei Kilometer 648 findet man direkt an der N-330 ein Hotel** (ohne Bar). Bei diesem biegt man

0 1000 m

rechts ab zum Fluss und kann nun den Weg nach Jaca problemlos immer geradeaus laufen. Ein ganzes Stück nach dem Hotel kommt man an ein halbverfallenes Gebäude mit der Jahreszahl 1796. Eine alte Steinplatte sagt, dass dies die Ermita de San Cristóbal der Franziskaner von Villanua und Jaca sei. Gegenüber gibt es eine Trinkwasserstelle.

Nun steigt man hinauf nach Jaca. An der ersten Mauer sieht man groß ein gelbes „C.S." Das bedeutet nichts weiter als „Camino de Santiago", also Jakobsweg und wird Ihnen gelegentlich noch hier und da begegnen. Durch die Avenida de Francia gelangt man, immer geradeaus, in das Stadtzentrum: Rechts die große alte Festung (16. Jh.), links die Touristeninformation (geöffnet Mo–Sa, im Sommer auch So), geradeaus die Kathedrale und hinter ihr linkshaltend die sehr ordentliche Albergue (die Markierungen auf dem Fußweg beachten). Ein Tipp für die gesamte Strecke nach Santiago de Compostela sind immer wieder die Touristinformationen, in denen man kostenlos Stadtpläne und Beschreibungen von Sehenswürdigkeiten erhalten und, wenn es einmal sein muss, Hotels in der Umgebung erfahren kann.

KOMPASS INFO

Die tausendjährige **Kathedrale in Jaca** gehört zu den ältesten Domen in Spanien und am Jakobsweg. Sie ist im Innern außerordentlich schlicht. Nur die gewaltigen romanischen Bauformen und viele steinerne Skulpturen schmücken den mittelalterlich-prächtigen, dreischiffigen Bau. Einen Hochaltar gibt es nicht, jedoch schöne Seitenaltäre. Im rechten Seitenschiff steht die lebensgroße Figur des Hl. Jakobus. Das Langhaus wird auf jeder Seite von fünf mächtigen Säulen getragen. Der Eingang zum ansehenswerten Diözesanmuseum befindet sich links.

Festung Jaca

3. Tag: Jaca – Puente la Reina de Jaca

Sie haben die Wahl zwischen leicht und sehr schwer

Ausgangspunkt: Jaca | **Charakter:** Einfach, wenn Sie im Tal entlang des Rio Aragón bleiben; schwer, wenn Sie über die Berge (Atarés, San Juan de la Peña) wandern. Dann sind es ca. 34 km und ca. 11,5 Std. Gehzeit; am besten nur bis Santa Cilia de Jaca gehen. | **Unterkunft/Einkehr: Nationalstraße N 240:** Hotel Aragón, 11 km hinter Jaca, Centro de Vacaciones Pireneo, 17 km hinter Jaca; **Santa Cilia de Jaca:** Albergue, keine Essmöglichkeit im Ort, jedoch kl. Tienda; **Puente la Reina de Jaca:** Hotel Anaya; Tel. 974 377411 (an der Tür klingeln, wenn abgeschlossen); **Sta. Cruz de la Serós:** 2 Hostals, Casa Rural

Leicht bis Schwer | A: 21 km B: 34 km | A: 5,5 Std. B: 11,5 Std.

Von der Tourist-Info in Jaca gehen Sie bei der Festung zur Avenida del Primer Viernes de Mayo, vorbei am Gran Hotel und weiter bis zu einem Verkehrskreisel. Eine in das Pflaster eingelassene Metall-Muschel an einer Ampel zeigt Ihnen, dass Sie die Bürgersteigseite wechseln sollen. Lassen Sie sich durch ein Verkehrsschild „A 1205 San Juan de la Peña" nicht irritieren, wenn Sie die Bergstrecke wählen wollen. Orientieren Sie sich zunächst zur N-240 und biegen erst viel später Richtung Atarés in die Berge ab. Hinter der Tankstelle am Kreisel steht es riesengroß: „San Juan de la Peña über Santa Cruz de la Serós 22 km" (schräg rechts). Bleiben Sie bis zu einer Seniorenresidenz weiter auf der linken Seite, ein wenig abseits der N-240. Spätestens ab dem Ortsende-Schild von Jaca gibt es rechts keinen Fußweg mehr. An der Straße rechts liegt eine Erste-Hilfe-Station (riesige rote Kreuze) und schräg gegenüber – wie sinnreich – der Gottesacker von Jaca. Im Friedhof, links vom Eingang, finden Sie ein ordentliches WC und Trinkwasser.

Nach 4,5 km vom Stadtzentrum Jaca kommen Sie an eine Ansammlung von Häusern und können an der ersten Feldsteinmauer eine neue Variante der GR-Markierungen sehen: Die Linien sind nach links abgeknickt. 30 m weiter geht man am rechten Fahrbahn-

Variante A

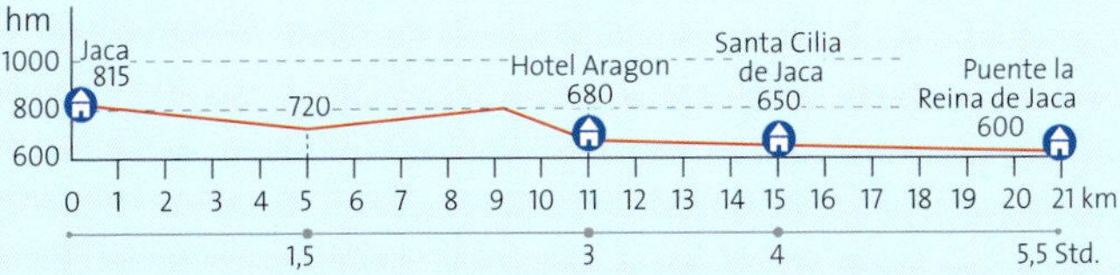

Variante B

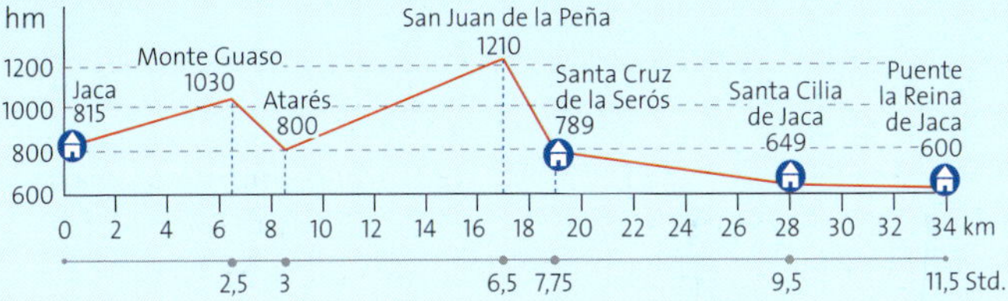

rand der N 240 weiter. Diese Stelle hat dem Autor schon Jahre zuvor missfallen. Unmittelbar vor der nächsten Linkskurve geht man auf die linke Fahrbahnseite und dort auf einem Trampelpfad, geschützt durch die Leitplanke, auf die Straßenbrücke des Rio Gas. Wenigstens hier hat man an die Fußgänger gedacht und ihnen einen eigenen Steg neben der Fahrbahn gebaut. 200 m hinter der Brücke zweigt mit freundlicher Unterstützung der EU (wie man lesen kann) der Weg nach Atarés/San Juan de la Peña (GR 65.3.2) ab. Hier entscheidet man sich für den schweren Weg in die Berge oder für die moderate Strecke im Tal des Aragón.

Variante A: Die „Direttissima" entlang der N-240 nach Puente la Reina de Jaca

Ein kleines Stück muss man noch neben der Nationalstraße gehen, ehe man 200 m nach der Brückenkurve auf die rechte Straßenseite und auf einen eigenen Weg wechseln kann. Die Stelle ist mit gelben Pfeilen markiert. Ein bisschen später steigt der Weg links an und führt in ein verlassenes Militärlager, durch das man hin-

Jakobusfigur im Dom von Jaca.

durchmarschiert. Ein Stück weit hinter dem Militärlager wechselt der Jakobsweg von der rechten auf die linke Seite der Nationalstraße. Vorsicht ist angesagt, da sich 150 m links der Wegekreuzung ein Hügel befindet, über den weder Autofahrer noch man selbst hinwegsehen kann. Zum Ausgleich dafür kommen Sie jetzt wieder in landschaftlich schöneres Gelände, wenn auch nur 100 m abseits der Straße. Nach einer Weile kommen Sie zum zweiten Mal auf dieser Reise an einen Fluss, über den es außer der Nationalstraßenbrücke keinen Übergang gibt, den Barranco de Atarés. Doch, einen Übergang gibt es, eine Furt, vielleicht 10 m breit. Wenn das Wetter wochenlang trocken war, ist sie kein Problem. Mit ein wenig Trittsicherheit passiert man die im Fluss liegenden großen Steine. Ganz anders, wenn es tagelang geregnet hat und das Flüsschen zu einem strömenden Gewässer geworden ist. Dann ist die Stelle unpassierbar, es sei denn, Sie gehen in Gummistiefeln oder barfuss. Ansonsten heißt es: Zurück zur Nationalstraße!

Hinter der Furt ein kleines Stück Asphaltstraße nach rechts und kurz vor der N-240 wieder nach links auf einen Forstweg. Nach einer kleinen Steigung sieht man in der Ferne wieder die Pyrenäen.

Schließlich kommt man nach einer ganzen Weile (ca. 9,5 km hinter Jaca) an die schönste Stelle des Höhenweges mit einem weiten Rundblick in das Tal des Aragón bis hin zu den Bergen am Hori-

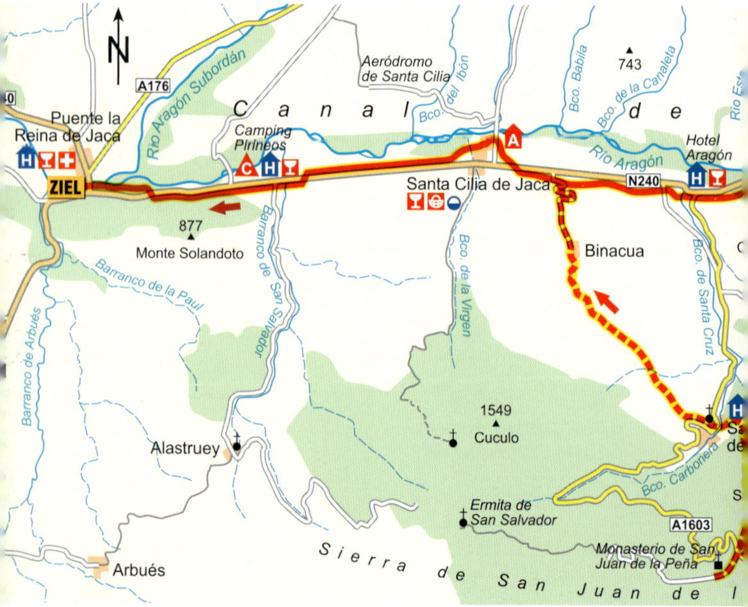

KOMPASS

0 1100 m

zont. Gleich darauf vernichten Sie die gewonnene Höhe wieder. Sie müssen, vorbei an einem Steinbruch, hinunter in das Aragóntal. Dort gibt es ein Hotel mit Bar, zuvor jedoch die Furt Nr. drei.

Sofern der Bach zuviel Wasser führt, gehen Sie, um in die Bar zu kommen, 30 m zurück und benutzen die Brücke der N-240. Danach gehen Sie hinter dem Haus über eine Wiese und verlassen das eingezäunte Grundstück nach Südwesten durch ein Tor in der hinteren Ecke. Sollten Sie nicht in die Bar/Hotel gehen, folgen Sie dem Bachlauf ein kleines Stück nach links und kommen dort über einen Steg auf die andere Uferseite, um einer dreipoligen Stromleitung in die Wiesen zu folgen. Man kreuzt die Landstraße, die von Sta. Cruz de los Serós kommt, der Leitung weiter folgend. 100 m weiter biegt man rechts ab, wiederum sehr praktisch von den gekreuzten weiß-roten Wanderzeichen des GR geführt. Ein Stückchen weiter, vor einer Pfütze von Weiher, geht man schräg links. An dem Mast der Stromleitung sind sowohl ein weißrotes als auch ein gelbes Kreuz aufgemalt: Gesperrt.

Nach einer Weile Asphalt mündet in einer Serpentine der Weg von San Juan de la Peña (GR 65.3.2) von links in den Jakobsweg ein. Sie gehen geradeaus hinunter zu den Häusern und weiter nach Santa Cilia de Jaca. An den ersten Häusern schwenken Sie auf eine Bachbrücke und gehen jenseits rechts weiter. Sehen Sie den Kirchturm schräg rechts? Das ist Santa Cilia

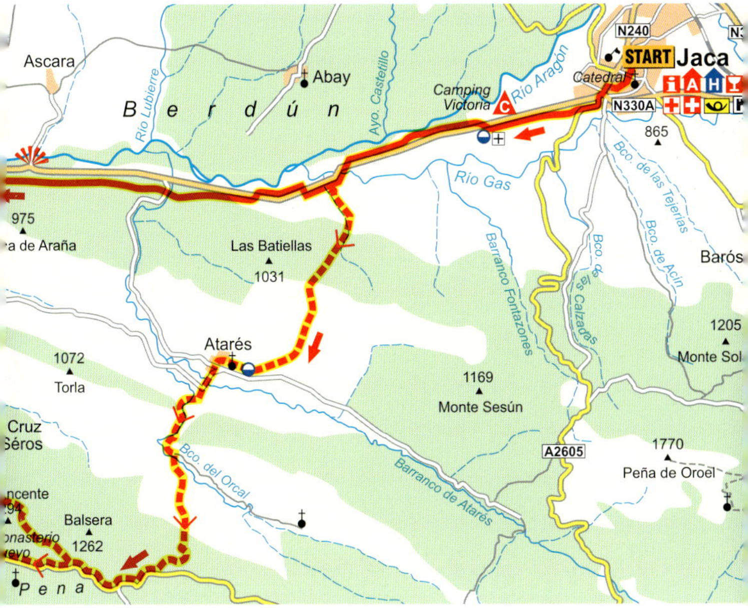

de Jaca. Die Kirche, ein schöner romanischer Bau, ist leider die meiste Zeit geschlossen.

Betreten Sie nicht die Nationalstraße. Sie ist schmal, hat keinen Seitenstreifen und wird ziemlich schnell befahren. Erst hinter dem Ortsschild kreuzen Sie die N-240 und gehen schräg rechts in den Ort hinein. Im Dorf gibt es weder Bar noch Restaurant, jedoch eine winzige Tienda, einen Brunnen und eine sehr ordentliche Albergue (Calle del Sol), allerdings ohne Verpflegung.

In Santa Cilia de Jaca führt der Camino durch den Ort Richtung Westen. Nach einer ganzen Weile kommen Sie an die N-240. Bleiben Sie auf dem landwirtschaftlichen Fahrweg rechts neben der Nationalstraße. An einem gr oßen Warnschild „Fußgängerüberweg" zweigt schräg rechts ein Weg ab. Den nehmen Sie nicht, sondern gehen 1 m neben der Begrenzungslinie der Nationalstraße 100 m weiter und kreuzen am Schild „70 km/h" die Fahrbahn nach links und gehen dort über die Brücke. Die Brücke hat links einen getrennten Fußgängersteg. Im später folgenden Centro de Vacaciones Pirineos können Sie essen und schlafen, oder Sie gehen noch 3 km weiter und übernachten in Puente la Reina de Jaca. Bei „Km 302" wechselt man vor einer S-Kurve wieder einmal die Straßenseite. Bei den schwarzweißen Baken geht es dann rechts hinunter, und wie! Belohnt werden Sie mit einem wunderschönen Wegabschnitt und den berühmten Steinmännchen, die Tausende von Pilgern im Laufe der Jahre aufgeschichtet haben. Über die historische Aragón-Brücke erreicht man den Ort.

KOMPASS INFO

Das Kloster San Juan de la Peña liegt seit mehr als 1000 Jahren unter einem riesigen Felsüberhang („peña"). Zuvor hatten sich hier Westgoten vor den Arabern verschanzt. Obwohl das Kloster schon vor langer Zeit aufgegeben und ein wenig weiter östlich neu gebaut wurde, kann man noch heute wunderbare romanische Architektur (Kreuzgang mit besonders schönen Kapitellen) bestaunen. Pilger (Credencial) erhalten ermäßigten Eintritt in die Anlage. Beachten Sie das Museum.

Variante B: Die schwere Bergstrecke über San Juan de la Peña nach Puente la Reina de Jaca

1200 Jahre ist sie alt, die Ermita de San Juan de la Peña. Sehenswert! Bis zum Rio Gas folgen Sie dem oben beschriebenen Weg Richtung Puente la Reina de Jaca. 200 m hinter dessen Brücke biegen Sie links ab und folgen fortan den weiß-roten Markierungen des GR 65.3.2. An einer Linkskurve wählen Sie einen Pfad entlang einer Stromleitung bergauf. Man steigt auf die Hochfläche des Monte Guaso und anschließend in das Tal von Atarés (Trinkwasser auffüllen!). Vorbei an der Kirche überquert man einen Bach und steigt im Gegenhang weiter. Nach gut 5 km hat man die Höhe der Sierra de San Juan de la Peña erklommen, hält sich rechts und folgt eine Weile der Landstraße. In einer Linkskurve biegt man, den Markierungen aufwärts folgend, von der Landstraße rechts ab und passiert den San Vincente (1296 m, Antenne), ehe man, etwas abwärts gehend, an eine Wegekreuzung gelangt. Dort wandern Sie links zum Kloster San Juan de la Peña.

Um Zeit zu sparen, vielleicht eine halbe Stunde, können Sie auch auf der Fahrstraße bleiben. Schauen Sie immer wieder einmal zum Himmel: Sie werden viele Geier und Milane entdecken. Vom Kloster gehen Sie nun genau nach Norden zurück zu der Wegekreuzung Cuatro Caminos und dann nach Santa Cruz de la Serós, sei es über einen Trampelpfad links oder die Straße entlang. Hier gibt es eine schöne romanische Pfarrkirche (11. Jh.). Ein Stück weiter steht noch ein romanisches Kirchlein, bei dem man nach links abbiegt. Über einen kleineren Bergrücken erreicht man, immer bergab, Binacua und 1 km weiter den direkt von Jaca kommenden Jakobsweg vor Santa Cilia de Jaca.

Der stählerne Pilger grüßt seine menschlichen Schwestern und Brüder in Santa Cilia de Jaca.

4. Tag: Puente la Reina de Jaca – Artieda

Eine Bummelstrecke zum Erholen

Ausgangspunkt: Puente la Reina | **Charakter:** Leicht | **Unterkunft/ Einkehr: Arrés:** Albergue, Hostal (sehr teuer), Bar; **Artieda:** Albergue, Bar (Tel. 948-439316)

Leicht | 23 km | 5,5 Std.

Gehen Sie in Puente la Reina de Jaca über die Brücke zurück, danach rechts auf die C-134 und biegen dann nach ca. 300 m rechts auf eine kleine Landstraße bergab ein. Nach weiteren 300 m zweigt, gut gekennzeichnet, links ein 3 km langer Weg nach Arrés ab.

Dort gibt es eine ordentliche Albergue, eine Bar und vor allem eine schöne Aussicht. Nach Artieda (ca. 20 km) kann man entweder den Weg über Arrés nehmen (nur ein kleiner Umweg) oder geradeaus auf der Landstraße bleiben. Nach etwa 3 km seit der Aragón-Brücke biegt die Landstraße vor einigen Gebäuden links ab nach Arrés hinauf. Der Weg nach Artieda führt, etwas links versetzt, gut markiert weiter geradeaus. In dem Bergdörfchen Arrés, das erstmals

Bei Arrés.

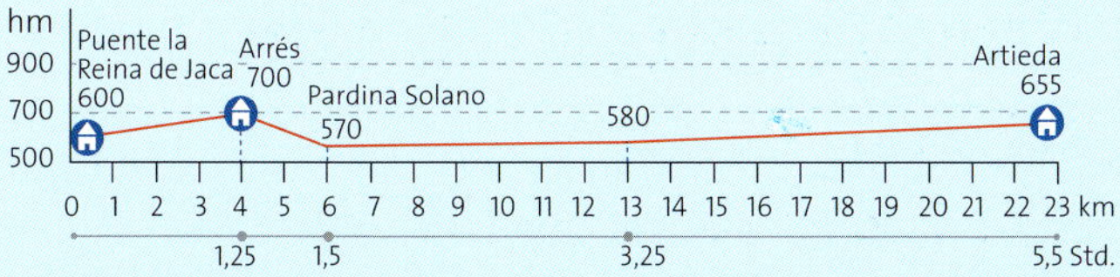

850 dokumentarisch erwähnt wird, gab es eine gotische Festung (15./16. Jh.), jedoch sind Aktivitäten unter König Ramiro I. von Aragón schon fünfhundert Jahre früher belegt. Der Blick von der ehemaligen Burganlage reicht bis zu den Pyrenäen (Bisaurin 2670 m, El Sombrero 2562 m, Pico Aspe 2640 m) und wird von einer Tafel oben neben dem Hostal/Bar erklärt. Aus dem Dorf geht man ein kleines Stück zurück nach Norden und biegt dann unterhalb des Ortes an einer Infotafel links ab. Der Weg heißt hier PR HU 23 und ist weißgelb markiert.

In einem lehmigen und bei Nässe (dann lieber auf der Straße bleiben) schwierigen Barranco geht es abwärts. Auf halbem Weg die gekreuzten weiß-gelben Markierungen: Stopp! Hier muss man rechts abbiegen. Sobald Sie auf eine Schotterstraße gelangen, dürfen Sie nicht rechts, sondern müssen geradeaus/links bergab gehen. Nach etwa 1 km ist rechts am breiten Feldweg wieder ein Sperrkreuz zu sehen. Hier biegt der Camino auf ebenfalls breitem Feldweg rechts ab zu einer gebüschbestandenen Strecke Richtung Rio Aragón, den man in ein paar hundert Metern Entfernung gut sieht. Am Horizont erblickt man auf einem Hügel Berdún.

Im Tal stoßen Sie wieder auf den Originalweg, dem Sie nach links folgen. Wieder nach einer ganzen Weile kommen Sie an einem großen einsamen Gehöft (Pardina Solano) vorbei, einer Viehfarm. Hier stehen hunderte von Kälbern und jungen Rindern, die nicht wissen, dass ihre Tage gezählt sind. Wenn Sie sich an den Hofhunden vorbei trauen, können Sie vielleicht nach einem Schluck Wasser fragen.

Weitere Trinkmöglichkeiten gibt es auf dem unmittelbar vor Ihnen liegenden Weg bis Mianos oder Artieda nicht.

Bei UTM 675033/4715558 gabelt sich der Schotterweg vor einem grauen Hügel ohne Bewuchs, wie man ihn in den Badlands der USA findet. Sie müssen rechts abbiegen. Später, bei UTM 674088/ 4716686, gabelt sich der Weg erneut. Nehmen Sie den linken Zweig, also geradeaus, an den Hügeln entlang. Die Wegemarkierung steht erst 50 m weiter. Vor Ihnen liegt, groß und mächtig, der Monte Orba (1239 m) in der Sierra de Orba.

Wenn sich die Schotterstraße in Asphalt verwandelt, biegt der Jakobsweg nach Artieda scharf links ab. Die Straße hat jetzt sogar eine gestrichelte Mittellinie. 50 m weiter geht man jedoch rechts abschneidend in das Gelände. Der Pfeil an einem hölzernen Telefonmasten zeigt uns den Weg (UTM 673615/4716875). Oben auf dem Hügel sehen Sie, ein wenig versteckt, das Dach einer Scheune; dorthin müssen Sie, in der Falllinie (UTM 673600/4716679). Der Camino biegt 150 m hinter der Scheune rechts ab. Sie haben hier oben ein grandioses 360°-Panorama mit Berdún und den Pyrenäen im Nordosten, dem Orba im Nordwesten, der Sierra de Peña Musera (995 m) im Westen und all den anderen Bergen und Hügeln. Unterhalb der gewaltigen Spitze des Oroel (1770 m) im Osten liegt Jaca. Nach etwa 500 m biegt der Weg bei UTM 672830/4716694 nach rechts in einen schmaleren Feldweg ab.

Dick und groß steht ein Jakobswegstein vor Ihnen, dessen Pfeil Sie auf Asphalt nach rechts folgen. Bald darauf biegt die Asphaltstraße nach rechts ab; Sie gehen geradeaus den schnurgeraden Feldweg weiter. Wenn man weiß, wo es liegt, sieht man schon voraus Artieda. Dort gibt es eine Albergue. Nach einer Weile kommen Sie an den breiten Barranco de Sobresechos. Der ist herrlich zum Lagern und Füße baden (Vorsicht, an Blasen denken) und lässt sich bei schönem Wetter bequem queren. Was macht man aber bei Regen und Hochwasser? Wir wissen nichts Besseres als den Rat, die Schuhe auszuziehen und vorsichtig durch das Wasser zu waten. Wir wissen: So richtig gut ist dieser Tipp nicht, jedoch fällt uns nichts Besseres ein außer vielleicht,

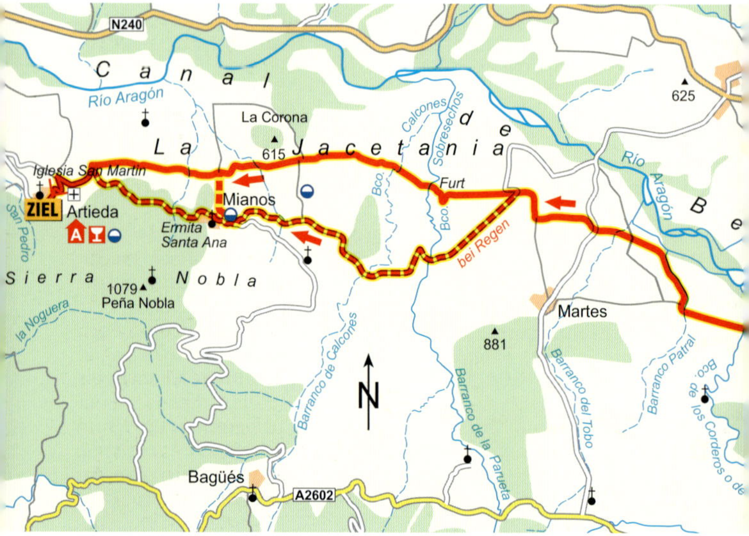

0 1100 m

dass man einen riesigen Umweg zurück macht. Aber dieser Rat ist auch nicht besser ...

Wenig später kommt eine zweite Furt, in der große Steine liegen, so dass sie eigentlich kein Problem darstellt.

Sie haben Durst? Dort drüben links am Hang liegt Mianos (Santa Ana 12./16. Jh.). Am Ortseingang gibt es eine Wasserstelle, und auch der nächste Ort Artieda hat eine solche neben der romanischen Kirche San Martin (12. Jh.). Wenn Sie ein bisschen mutig sind, finden Sie vorher bei UTM 669069/4717282 den Fuente de San Martin, eine alte Tränke, in die köstlich frisches Wasser geleitet wird. Wir können zwar nicht für die gesundheitliche Unbedenklichkeit garantieren, aber das Wasser schmeckt vorzüglich. Wohl bekomm's! Von dort können Sie am Hang entlang nach Artieda gehen. An dessen Friedhof (UTM 665618/4717112) haben Sie sich zu entscheiden, ob Sie ungefähr 60 Höhenmeter hinauf in den Ort (Albergue) steigen und dort für heute Schluss machen oder geradeaus weiter nach Ruesta (knapp 10 km) marschieren wollen. 150 m bergan hinter dem Friedhof können Sie bei gutem Wetter einen schmalen Pfad rechts hinauf gehen.

Bei schlechtem Wetter empfiehlt es sich, auf der Landstraße zu bleiben. In Artieda halten Sie sich rechts und vor der großen Infotafel abermals rechts. Gehen Sie hinauf zu dem Haus mit dem türmchenartigen Schornstein. Die Albergue hat ein UTM 665496/4716887.

KOMPASS INFO

ARTIEDA

Der Ort in seiner vorzüglichen Verteidigungslage reicht zurück bis mindestens 919, ist aber wahrscheinlich viel älter. Gotteshäuser wie die romanische einschiffige Hallenkirche San Martin (umgebaut 16. Jh.) mit ihrem Tonnengewölbe sind in der Gegend zahlreich namensgleich zu finden und dem Hl. Martin von Tours, dem mit dem halbierten Mantel, geweiht. Das beruht darauf, dass es damals viele französische Pilger gab. Wenn man in der Albergue nachfragt, öffnet jemand die Kirche um 19 Uhr.

5. Tag: Artieda – Sangüesa

Vorbei am Stausee, der alles zerstörte

Ausgangspunkt: Artieda | **Charakter:** Schwer; lange Etappe mit einer großen Steigung und mehreren kleinen. Für weite baumlose Strecken reichlich Wasser mitnehmen! Man kann jedoch verkürzen (durch Stopp in Undués de Lerda). | **Unterkunft/Einkehr: Ruesta:** Albergue, Bar; **Undués de Lerda:** Albergue, Bar; **Sangüesa:** Albergue, Hotels, Campingplatz, Bars, Apotheke, Läden, Post

Schwer | 32 km | 9 Std.

Sie können von der Albergue in Artieda entweder den Weg zurück zum Friedhof und zur Landstraße gehen oder den Ort nach Westen verlassen. Das hat den Vorteil eines sehr schönen Blicks hinüber zum Stausee von Yesa.

Allerdings werden Sie heute vor dem Problem stehen, entweder in Undués de Lerda zu übernachten oder in das wesentlich größere Sangüesa (32 km) mit seinen Einkaufsmöglichkeiten weiterzugehen.

Bei UTM 664042/4717675 kreuzt eine Asphaltstraße, der man links folgt. Nach einer ganzen Weile Landstraße biegt der Jakobsweg bei UTM 660216/4718400 nach rechts in das Gelände ab. Hier muss man ein wenig aufpassen und auf den gelben Pfeil achten; sonst rauscht man an der Abzweigung vorbei. 9 km hinter Artieda bei UTM 657580/4718213 kommt man an die uralte Einsiedelei San Juan de Bautista. Von der romanischen Ruine stehen nur noch die Apsis sowie die Grundmauern des kleinen Langhauses. Man kommt zurück auf die Landstraße und ist wenig später in dem verfallenen Dorf Ruesta. Hier gibt es nur noch die Albergue mit Bar, eine gewaltige Kirchenruine und viele verlassene Häuser: Das Ergebnis des Stausees von Yesa, der den Bauern ihre Lebensgrundlage im Tal genommen hat. Die Albergue hat ein UTM 657804/4716844. Anschließend müssen Sie in das Tal hinab. Folgen Sie den gelben Pfeilen.

Auf dem Weg hinter Ruesta gibt es eine Wasserstelle. Man überquert den Rio Regal. Danach kommt die erste wirkliche „Klamotte" fast vom Format der Berge in León oder Galizien. Für die nächsten rund 6 km steigen Sie unaufhörlich auf eine Höhe von

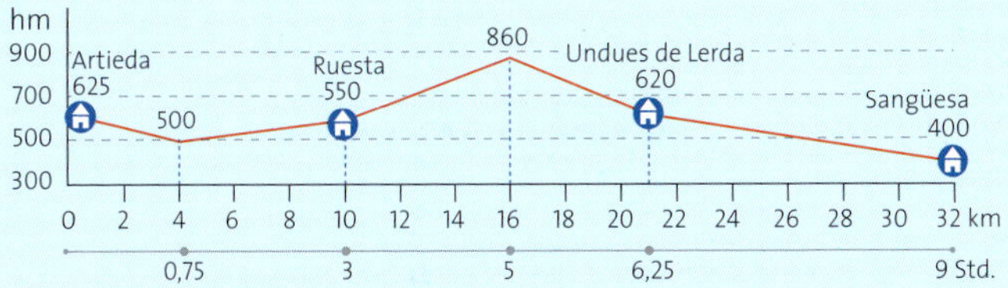

860 m, die Sie bei UTM 654375/4715083 erreichen. Nach einer Weile des Steigens kommt man an eine über die Straße gespannte Sperrkette. Der Jakobsweg wendelt nach rechts. Bequem geht man auf einem breiten Forstweg weiter bergan. Schließlich führt der Weg links weiter; man darf nicht geradeaus gehen.

Halbwilde Pferde.

In einer Höhe von 858 m erreichen Sie einen breiten Querweg. Wenden Sie sich 50 m nach links und dann an einem unübersehbaren Jakobsweg-Stein nach rechts. Wenn Sie 1-2 km weit durch die eigentlich öde, aber schöne Landschaft marschiert sind, sehen Sie

Der Camino.

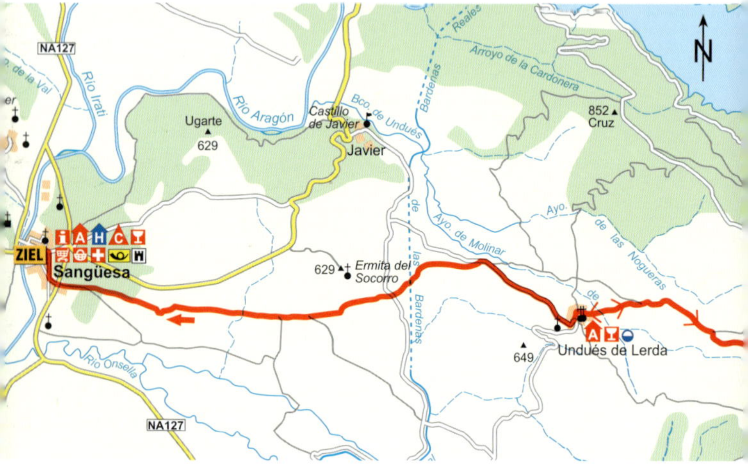

0 1200 m

zum ersten Mal etwas, das Sie in ganz Navarra nicht mehr loslassen wird: an einem Berghang bis hinauf zum Kamm einen ganzen Wald von Windrädern.

Vor uns liegt jetzt ein Tal, in das Sie hinab müssen, um drüben nach Undués de Lerda (Albergue, Bar) hinauf zu steigen (UTM 650259/ 4714393). In dem heideartigen Wegstück gut auf die Wegemarkierungen achten! Es gibt mehrere Abkürzungen, die man mit offenen Augen leicht findet. Im Ort ist bei der Kirche eine Wasserstelle.

Am Ende von Undués muss man darauf achten, dass der Jakobsweg sofort links in die Heidelandschaft abbiegt. Festes Schuhwerk ist angesagt.

Nach langer Strecke auf eintönigem Fahrweg – man ist nun im alten Königreich Navarra und sieht jetzt schon Sangüesa – geht es bei UTM 643300/4714484 links ab. In Sangüesa kommen Sie an eine Straßenunterquerung und gehen schräg rechts in die Stadt hinein. Sie kreuzen einen Verkehrskreisel. Die Albergue liegt linker Hand der Hauptstraße in der Calle Enrique Labrit. Sollten Sie in der Stadt weder ein Hotelbett noch einen Platz in der Herberge bekommen, finden Sie jenseits der Aragón-Brücke noch ein Hostal, sogar mit zeitigem Frühstück.

KOMPASS INFO

Die alte Königstadt **SANGÜESA** mit ihren vielen mittelalterlichen Baudenkmälern war schon im 10. Jh. ein Bollwerk gegen die Mauren. Berühmt ist die Iglesia Santa María de Real (Baubeginn 1131, Turm 13. Jh.) mit ihrem prächtigen romanischen Portal. Sie kommen an ihr vorbei, weil Sie die alte Brücke über den Rio Aragón passieren müssen. Das heutige Sangüesa hat etwa 5.000 Einwohner.

6. Tag: Sangüesa – Monreal/Elo

Zu Geiern und wilden Stieren

Ausgangspunkt: Sangüesa | **Charakter:** Nicht superschwer, aber auch nicht gerade leicht. Es gibt Steigungen, dazu die Streckenlänge – wir würden sagen: mittelprächtig bis schwer
Unterkunft/Einkehr: Izco: Albergue, Tienda in der Herberge; **Monreal:** Pfarr-Albergue an der Kirche, Casa Rural, Hotel Unzué an der N-240, Tienda

Mittelschwer | 28 km | 8 Std.

In Sangüesa gehen Sie die Hauptstraße entlang und dann links vorbei an der Iglesia Santa María de Real auf die Aragón-Brücke (UTM 640643 / 4715281), danach rechts. Falls andere Bars am Morgen noch geschlossen sind, kann man jenseits der Brücke schon um 7.30 Uhr frühstücken. Danach kommt sehr lange nichts. Ein Stückchen weiter steht links das riesige Nonnenkloster Monasterio de Comendadoras Sancti Spiritus.

Vor einer Kläranlage biegt man links ab Richtung Rocaforte und wenig später am Rande des Industriegebiets rechts auf einen

Der Autor (links) bei einer Rast.

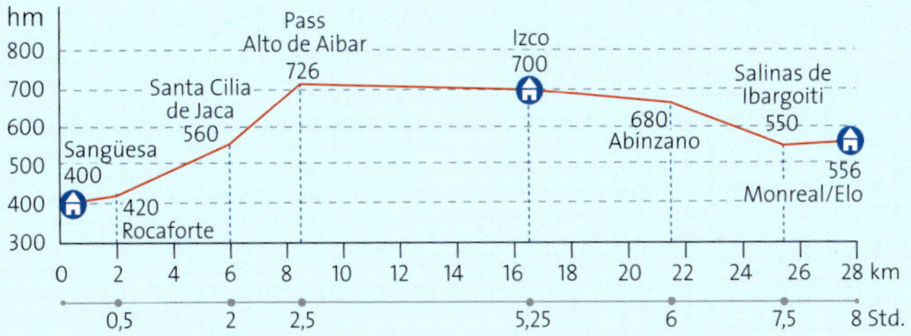

Fahrweg. In Regenzeiten empfiehlt es sich, diesen Weg nicht zu nehmen, sondern auf der Straße zu bleiben. Am Rande der Papierfabrik biegt man an einem verfallenen Gemäuer schräg rechts ab. Abermals 100 m weiter marschiert man links den Berg hinauf und sieht, wenn man Glück hat, viele Gänsegeier, vielleicht sogar den einen oder anderen – allerdings sehr seltenen – Bartgeier. An den ersten Häusern von Rocaforte geht man 30 m links und dann rechts gleich wieder aus dem Ort hinaus.

Bald kommen Sie an die „Franziskus-Quelle". Der Heilige soll hier auf seiner Pilgerreise nach Santiago de Compostela gewesen sein. Das Wasser ist nicht trinkbar. Hinter der Quelle gabelt sich der Weg: gehen Sie links. Der Schotterweg mit einer tiefen Wasserrinne in der Mitte steigt jetzt stetig an. Bei UTM 638247/ 4718271 finden Sie eine Wasserstelle. Danach kommt eine Viehtränke mit wunderbar frischem Nass aus einem Trog. Na und? Schließlich kommen Sie, nach gemächlichem, jedoch langem Steigen (290 Höhenmeter seit Sangüesa) an eine Art Tunnel und danach auf den Pass Alto de Aibar (726 m). Von hier oben haben Sie einen herrlichen Blick hinunter in das vor Ihnen liegende Tal und auf die Berge in der Ferne. Der Weg führt jetzt relativ eben oder mit leichtem Gefälle parallel zum Hang, wird auch schon mal ein wenig steiler. Später kommen Sie an ein in den Boden eingelassenes Viehgitter, danach an ein Gatter (links), durch das man hindurch

KOMPASS INFO

Geier
Die Geier (eigentlich althochdeutsch „Die Gierigen") werden laut Brockhaus Enzyklopädie unterteilt in Altwelt (15 Arten)und Neuweltgeier. Hier im Norden Spaniens kommen hauptsächlich der Gänsegeier mit einer Flügelspannweite bis zu 2,4 m und der seltenere Bartgeier mit bis zu 3 m Spannweite vor. Geier sind Aasfresser („Gesundheitspolizei") und hervorragende Segelflieger mit außergewöhnlich scharfen Augen. Selbst kleine verendete Tiere können sie aus großer Höhe entdecken. Besonders in der Gegend von Rocaforte kann man oft hunderte der großen Vögel ohne einen einzigen Flügelschlag schweben sehen.

KOMPASS INFO

Das Nonnenkloster Monasterio de Comendadoras Sancti Spiritus
Das beeindruckende Kloster kann von Pilgerinnen, jedoch nicht von männlichen Pilgern besucht werden. Wer sich einmal für das Leben als Nonne in diesem Kloster entschieden hat, kann es wohl zeitlebens nicht mehr verlassen, so sagt man. Der Autor hatte, weil männlich, keine Gelegenheit zu einer Recherche im Hause.

geht und nicht vergessen darf, es hinter sich zu schließen. Man betritt jetzt das Gelände der wilden Stiere, die hier für Stierkämpfe gezüchtet werden und frei in der Landschaft grasen. Bei größeren Bedenken müssten Sie noch vor der Passhöhe die NA-534 und anschließend die N-240 nehmen, aber wer tut das schon? Entweder bekommt man die Stiere überhaupt nicht zu Gesicht oder sie grasen irgendwo friedlich an den Hängen.

Bei UTM 630484/4723945 verlässt man über ein Gatter endgültig die Stierfarm, wendet sich nach rechts und geht die Staubstraße 50 m weiter in einen Waldsteig hinab. Am Ortseingang von Izco gibt es eine Wasserstelle mit frischem Trinkwasser. An einem großen Kreuz geht man links in den Ort hinein. Zur Albergue geht es in einer innerörtlichen S-Kurve rechts ab. Der Weg aus Izco hinaus führt in Richtung eines hohen Sendeturms.

Der nächste Ort heißt Abinzano. Gehen Sie an der Kirche schräg rechts und dann links aus dem Dorf hinaus, vorbei an neuen großen Stallungen. Weiter geht es nach Salinas de Ibargoiti. Dort hat man vor dem Ort nach Passieren einer mittelalterlichen Steinbrücke die Wahl, sofort links zum Fluss hinab und dort auf der anderen Uferseite zu gehen oder aber geradeaus in das Dorf zu marschieren und nach einer größeren Werkstatthalle 100 m vor dem Kirchturm links abzubiegen und dort

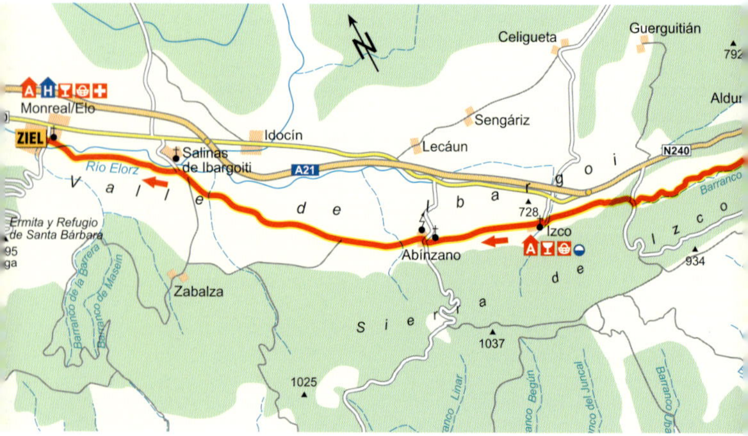

0 1200 m

Solche Wege „fressen" die Schuhsohlen.

auf die andere Bachseite zu wechseln.

Die nächsten zwei km wandert man auf einem Waldpfad, quert eine alte Brücke und hält sich links nach Monreal.

Folgen Sie im Ort den gelben Pfeilen bergauf. Die Pfarr-Albergue liegt neben der Kirche. Außerdem gibt es noch ein Hotel an der N 240.

KOMPASS INFO

Im Mittelalter hatte **Monreal (Baskisch: ELO)** am Jakobsweg erhebliche Bedeutung. Es gab ein eigenes Judenviertel, eine Burg der Könige von Navarra, die allerdings im 16. Jh. von den spanischen Königen zerstört wurde, sowie zeitweilig eine eigene Münze. Die gotische Kirche trägt wie viele andere den Namen San Martin.

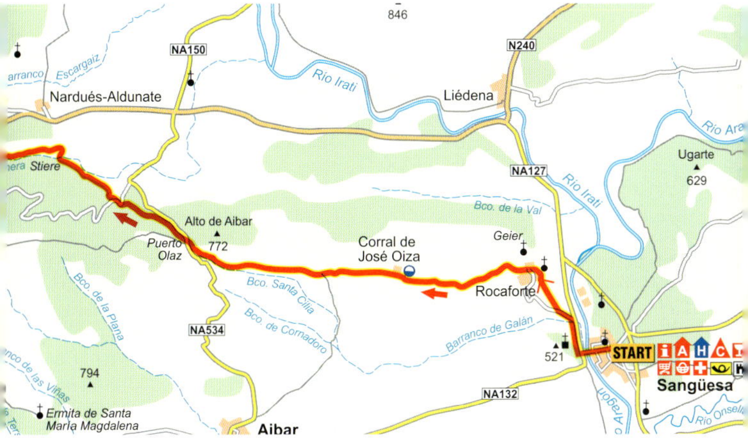

7. Tag: Monreal/Elo – Puente la Reina/Gares

Die Rätsel-Kirche von Eunate

Ausgangspunkt: Monreal/Elo | **Charakter:** Weit. Anfangs ziemlich schwer, ab Tiebas ziemlich leicht. Genügend Wasser mitnehmen! | **Unterkunft/Einkehr: Tiebas:** Albergue, Bar, Tienda; **Obanos:** Albergue, Bars, Läden; **Olcoz:** Hostal; **Puenta la Reina:** 4 Albergues, Hotels, Bars, Apotheke, viele Läden

Schwer | 29 km | 8,75 Std.

Aus der Albergue in Monreal geht man links die Dorfstraße bergauf und geradeaus in die Felder. Achtung! Am Ortsende nicht rechts zur Nationalstraße abbiegen. Nach gut 1 km trifft man auf ein Waldstück und nimmt an dessen Beginn rechts einen schmalen Pfad. Der Weg führt für längere Zeit durch dichtes Ufergebüsch, ein Trampelpfad für Indianer.

Kurz vor Yárnoz mit seinem mächtigen viereckigen Turm muss man unvermutet in ein tiefes Bachtal hinunter. Der Weg ist für die nächsten 200 m als Alpinsteig zu bezeichnen, ehe man zu dem festungsartigen Turm kommt.

Der jetzt vor Ihnen liegende, eigentlich sehr schöne und in jedem Fall interessante Weg am Fuß der Berge ist eine ziemlich nickelige Angelegenheit. Es geht stellenweise steil bergauf und dann auch wieder steil bergab. Immer nur ein paar Höhenmeter, jedoch addieren die sich. Wenn Sie es bequemer lieben, gehen Sie in Yarnoz geradeaus hinunter Richtung Nationalstraße und biegen links an den Kanal ab. Dann können Sie mehr oder weniger eben laufen. Bei Regen sollten Sie in jedem Fall unten am Kanal entlanggehen, denn es gibt mindestens ein Bachtal, dessen Querung bei Nässe lebensgefährlich sein kann. Auf den lehmigen Steilstrecken rutschen selbst die Schafe, wie deren Spuren zeigen. Der Weg unten am Kanal ist zwar viel langweiliger; er ist aber auch viel sicherer.

Wenn Sie den Weg am Wasserlauf entlang wählen, kommen Sie hinter einem Wehr an ein rot gestrichenes Werkstor. Umgehen Sie die Kiesanlage schräg links. Sie treffen dann auf den Hangweg. Oberhalb der Fabrik stoßen Sie auf einen ehemaligen Steinbruch. Danach windet sich der Camino am Hang entlang durch eine Art Macchia.

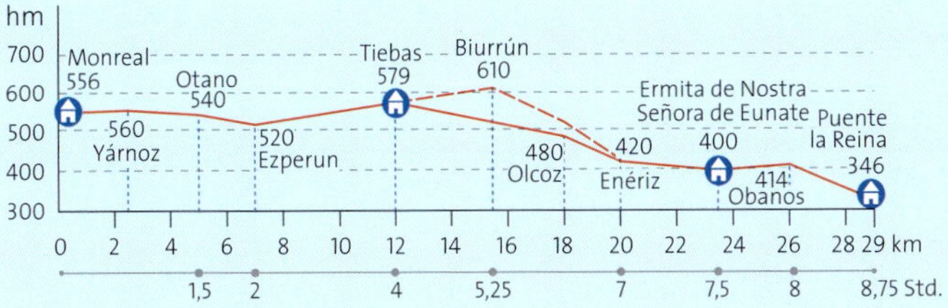

Bald kommen Sie durch ein ziemlich feuchtes Gebüschstück, dessen hohe Pflanzen große gezackte Blätter und zur richtigen Jahreszeit sehr schöne weiße Blüten haben. Vorsicht! Das ist der Riesenbärenklau, dessen Blätter und Stiele sehr ätzend sind. Nicht anfassen oder berühren. Wenig später erreichen Sie eine Trinkwasserstelle.

Vor Tiebas müssen Sie einen riesigen Steinbruchbetrieb umgehen. Unterhalb einer Burgruine (13. Jh.) – Betreten wegen Einsturzgefahr nicht ratsam – kreuzt man die Zufahrtsstraße des Steinbruchs und geht geradeaus nach Tiebas hinein. Die Albergue steht am Ende des Dorfes. Dort geht man an einem erhöhten Feld entlang auf ein Schotterwerk zu und, gut markiert, über dessen Zufahrtsstraße hinweg. Die Horizontlinie rechts wird von vielen Windrädern und drei Sendemasten „verschönert" (vielleicht sind es inzwischen ein paar mehr). Dahinter verläuft auf der anderen Bergseite der Navarrische Weg von St. Jean-Pied-de-Port – Roncesvalles – Pamplona (siehe Seite 12).

Ungefähr 1,3 km hinter Tiebas biegt der breite Feldweg rechts zum Autobahnzaun hin ab. Der Camino verläuft geradeaus als Trampelpfad in die Büsche hinein. Sie können jedoch genauso gut auf dem Fahrweg bleiben. Etwa 1 km weiter führt der Weg in eine recht tiefe Senke. Bleiben Sie immer am Autobahnzaun. Sie kommen an den

Frühstück vor einer Bar in Puente la Reina/Gares.

Ermita de Nostra Señora de Eunate.

Kreisel eines Autobahn-Zubringers, den Sie im Uhrzeigersinn umrunden, um durch den linken der beiden Autobahntunnel auf die andere Seite zu gelangen. Jenseits der Unterführung ein zweiter Kreisel, an dem vorbei man unter der nächsten Nationalstraßen-Brücke hindurch geht. An deren Ende quert man eine schnelle Zufahrt. An einer Infotafel über den Jakobsweg geht man dann schräg links.

Vor Muruarte de Reta unterquert man die Bahnstrecke und geht in den Ort hinauf. An einer alten Viehtränke (1859) kann man wohl nicht trinken. Die Treppen hinauf gibt es dann eine richtige Wasserstelle. Der Jakobsweg biegt an der Treppe nach links ab. An der Wegegabel hinter dem Ortsausgang hält man sich rechts. Am Ortseingang von Olcoz, dem nächsten Ort, geht es links zur Bar und zu einem alten Wehrturm (16. Jh.), rechts den

KOMPASS INFO

Ermita de Nostra Señora de Eunate
ist eine der geheimnisvollsten Kirchen oder Kapellen des gesamten Jakobsweges. Sie sieht für Spanien so sonderbar aus, nämlich achteckig und ohne Turm, steht ganz allein mitten im Feld und niemand weiß, wer sie gebaut hat. Nach der Bauweise zu schließen müssen es wohlhabende Leute, vielleicht auch ein Fürst oder ein Bischof oder, was in dieser Gegend nahe liegend wäre, Templer gewesen sein, die dieses reich ausgestaltete Bauwerk im 12. Jh. geschaffen haben. Sphärische Klänge umschweben den Besucher, der das Gotteshaus betritt. Das Licht fällt durch Alabaster-Steine, nicht durch Glasfenster, in den runden Raum. Ein prächtig verziertes Portal und schön gearbeitete Kapitelle zeugen davon, dass die Bauherren nicht arm gewesen sein können. Handelte es sich einmal um ein Kloster (wofür nicht sehr viel spricht) oder gar um die Reste eines Pilgerhospizes? In jedem Fall versäumt man etwas, wenn man an diesem mystischen Bauwerk vorbeigeht.

Warnung:
Einer Pilgerin wurde der Rucksack gestohlen, den sie am Kirchenportal unbeaufsichtigt abgestellt hatte, um in der Kirche zu beten.

Jakobsweg weiter. In der nächsten Linkskurve geht man rechts hinab in das Tal.

Achtung: Unten im Tal, etwa auf der Verbindungslinie von dem Wehrturm in Olcoz zu der Ruine auf dem Berg vor Ihnen, zweigt der Camino nach einer kaum sichtbaren Bachbrücke rechts entlang der Pappeln ab. Wenn man nicht aufpasst, läuft man leicht daran vorbei. Am Ende der Bachstrecke tauchen rechts ziemlich große Industriehallen auf. Sie überqueren eine Asphaltstraße und gehen die Schotterstraße gegenüber weiter.

Schließlich kommen Sie nach Enériz. Rechts liegt der Dorfplatz mit einer kleinen Tienda, gegenüber auf der anderen Seite des Dorfplatzes eine Bar inklusive öffentlichem Telefon. Nachdem Sie eine Weile einen breiten EU-Feldweg gelaufen sind, sehen Sie etwas ganz Wichtiges: ein altes Kirchengemäuer mit Scharen von Leuten und Autos. Es ist die berühmte Ermita de Nostra Señora de Eunate.

Mit etwas Glück haben Sie die bemerkenswerte Kirche – eine der Bemerkenswertesten des gesamten Camino – vielleicht für sich. Kommen Sie jedoch in der Hochsaison, müssen Sie den Besuch in dem Gotteshaus mit vielen anderen Leuten teilen. Nach Puente la Reina sind es jetzt noch 5,5 km, so steht zu lesen. Der Ort mit hohem Kirchturm, der vor Ihnen aufgetaucht ist, heißt Obanos. 100 m hinter einer Flussbrücke kreuzt man die NA-6010 und wendet sich 200 m weiter vor einem Weinfeld links in das Dorf. Zu der sehr ordentlichen Pilgerherberge biegt man an der Plaza San Guillermo rechts ab.

Puente la Reina/Gares.

Puente la Reina/Gares: Die Calle Mayor.

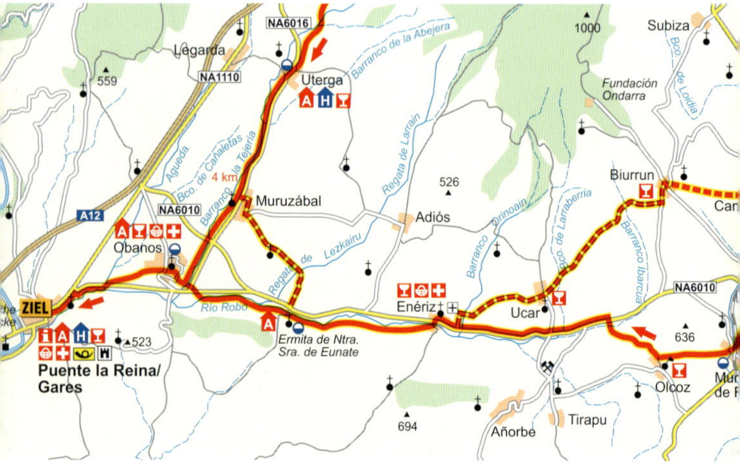

KOMPASS

0 1200 m

Will man nicht zur Albergue, geht man schräg links weiter und kommt zu der Kirche. Dort gibt es Wasser und eine Apotheke. Man geht durch den Torbogen neben der Kirche, vorbei an der supermodernen Sporthalle, dann links herum und wenig später rechts. Bleiben Sie auf der horizontalen Straße. Sie kommen an der sehr alten Ermita de San Salvador (16.Jh.) vorbei. Hier trafen sich im Mittelalter die Pilger aus Saint-Jean-Pied-de-Port mit jenen, die vom Somport herab kamen: Sie stehen am Beginn des Camino français!

Im Tal überqueren Sie die NA-6010 und gehen auf einem Weg neben ihr zu der Brücken-Stadt. Kurz vor Puente stoßen Sie auf die NA-1110 und das Hotel Jakue***. Es hat auch eine Reihe von Pilgerbetten zu Pilgerpreisen, sehr komfortabel und sogar mit abschließbaren Schränken. Die nächste (Kloster)-Albergue (preiswert) liegt dann am Ortseingang links, eine weitere (recht ordentliche) jenseits des Rio Arga geradeaus bergauf ein bisschen außerhalb. Zur Ortsmitte biegen Sie mit der NA-1110 links ab und gehen nach 100 m (UTM 597275 / 4725123) rechts in die Calle Mayor. Hier finden Sie Bars (Frühstück!), Restaurants, Geschäfte, in der Parallelstraße rechts die Post und kommen am Ende zu der berühmten Brücke aus dem 16. Jh.

KOMPASS INFO

Puente la Reina/Gares
Eine mittelalterliche Königin von Navarra ließ im 11. Jh. eine Brücke über den Rio Arga bauen; daher der Name Puente la Reina (Brücke der Königin). Die jetzige Brücke (UTM 596796 / 4724973) stammt aus dem 16. Jh., die Iglesia del Crucifijo sowie die Iglesia de Santiago aus dem 12. Jh. Dazu gibt es viele alte bis sehr alte Gebäude und eine enge, interessante Hauptstraße. Hier lohnt ein Stopp.

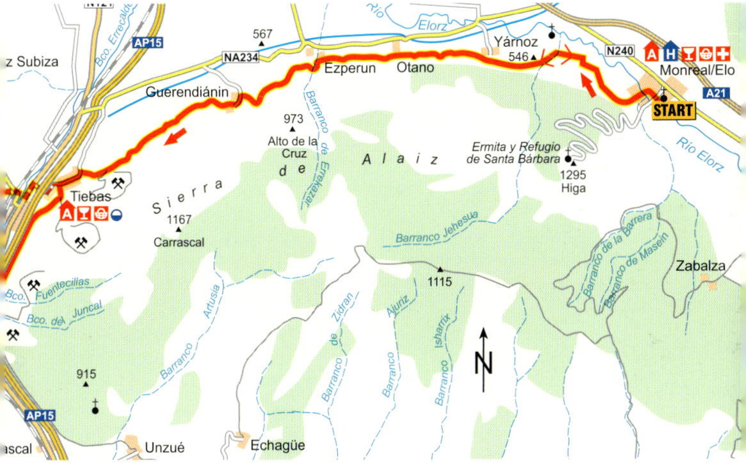

8. Tag: Puente la Reina/Gares – Estella/Lizarra

Im Lande der Basken (die Ortsnamen sind zweisprachig)

Ausgangspunkt: Puente la Reina/Gares | **Charakter:** Früher stellenweise bei Regen sehr schwer, heute weitgehend entschärft. Auch einfache Abschnitte sind dabei. | **Unterkunft/Einkehr: Mañeru:** Casa Rural; **Cirauqui:** Albergue, Supermarkt, Tienda, Apotheke; **Lorca**: 2 Albergues, Bar, Restaurant; **Villatuerta**: Hostal; **Estella/Lizarra:** 4 Albergues (eine etwas außerhalb in Ayegui), Hotels, Apotheken, sämtl. Geschäfte

Mittelschwer | 20 km | 6 Std.

Über die schöne mittelalterliche Brücke des Rio Arga in Puente la Reina geht man links zur Nationalstraße, die man überquert und schräg rechts auf der alten Landstraße weitergeht. Da in Obanos der Navarrische Weg von Roncesvalles und Pamplona auf den Aragónischen Weg gestoßen war, ist man von nun an auf dem Französischen Weg. Knapp 2 km hinter der Arga-Brücke gabelt sich der Fahrweg. Bleiben Sie geradeaus; der Abzweig links führt nur zu einer Kläranlage. 700 m weiter steigt der Weg an. Früher gab es hier einen berühmt-berüchtigten rutschigen Serpentinenpfad, der heute entschärft ist. Am Ende kommt man in Mañeru an einen Verkehrskreisel (Trinkwasser). Im Ort biegt man in einer Linkskurve (Wegweiser „Pamplona“, aber nicht folgen!) rechts ab. Dort gibt es die nächste Wasserstelle und an der Kirche San Pedro eine Bar. Eine medizinische Konsultationsmöglichkeit ist zeitweise beim Bürgermeisteramt.

Nach ca. 2 km kommt man ziemlich steil hinauf nach Cirauqui. Es

KOMPASS INFO

Eine sehr alte Ordenskirche für die Pilger
Die recht abweisende Mauer linker Hand des Camino gleich hinter Puente la Reina gehört zur Heilig-Geist-Kirche des Hospitaliterordens (Johanniter) von 1198. Das Monasterio stammt aus dem Jahr 1268. Die Kirche ist täglich von 7.30 Uhr bis 8.45 Uhr geöffnet, Messen sonntags 10.00 Uhr, werktags 8.00 Uhr.

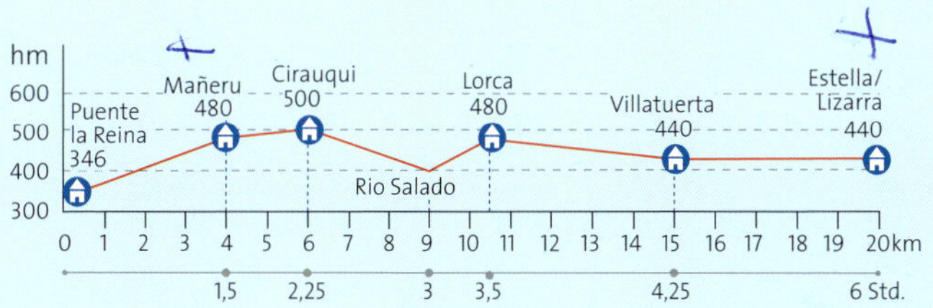

gibt die romanische Iglesia de San Román (12.Jh.), die Iglesia de Santa Catalina (13. Jh.), eine Albergue, Wasser und Läden. Die Innenstadt ist sehenswert. Der Camino führt unter dem Rathaus hindurch und dann recht steil einen alten römischen Weg hinab. Unten kommt man über eine uralte Brücke (UTM 590580/ 4725805), die vielleicht schon von den Römern, spätestens jedoch aus dem Mittelalter stammt und jetzt restauriert wurde. Nach einer Weile kommt man in einer Senke des Feldwegs an einen Abzweig nach links (Trampelpfad). Unter einer 3-poligen Stromleitung – gelber Pfeil am Gittermast (UTM 588553 / 4725745) – biegt man rechts ab. Schließlich gelangt man an eine Schotterstraße und folgt ihr bis zur nächsten Landstraße. Man unterquert den Canal de Alloz (Wassertrog über Ihrem Kopf!), kreuzt den Rio Salado und hinter dessen mittelalterlicher Brücke die N-111 und die neue Autobahn A-12, ehe man nach Lorca (Albergue, Bar, Restaurant) hinauf steigt. Ein Stückchen hinter dem Ortsausgang von Lorca biegt man links auf einen pa-

Puente la Reina/Gares: Die Brücke der Königin.

KOMPASS INFO

Rio Salado, der mörderische Fluss. Im Mittelalter warnte der uns überlieferte Pilgerführer Liber Sancti Jacobi den Pilger davor, sein Pferd aus diesem Fluss saufen zu lassen. Der Fluss sei giftig und es fiele danach tot um. Das mag gestimmt haben, denn das Wasser ist salzig und enthält vielleicht auch noch andere Spurenelemente in größerer Konzentration.

rallel zur N-111/NA 1110 (neu) führenden Pfad. Der Pfad endet nach längerer Wanderung an einem breiten Feldweg, dem man links und gleich darauf rechts folgt (UTM 585147 / 4724297) Links oben auf dem Bergkamm sieht man das Cruz de Maurien (1,5 km, markiert ist die Strecke weiß / grün). Entlang der N-111 gelangt man schließlich nach Villatuerta (Bar, Wasser). Verlassen Sie die N- 111/ NA-1110 am Ortsanfang nach links und folgen den gelben Pfeilen. Sie kommen an eine breite mittelalterliche Brücke über den Rio Iran zu und danach an die Iglesia Nostra Señora la Asunción (14. Jh.).

Wieder im Gelände, kommt man nach einer Weile kurz vor Estella an eine Landstraße mit einem Parkplatz. Links steht ein gemauertes Denkmal für eine kanadische Pilgerin, die beim Überqueren der

Der Canal(trog) de Alloz.

0 1100 m

Fahrbahn durch einen Unfall 2002 zu Tode kam – also Vorsicht an dieser Stelle! Oben auf dem Berge steht die Ermita de San Miguel. Nach dem Überqueren des Rio Ega hält man sich schräg links. Bei einem Industriewerk – „Rauchen verboten" – kommen Sie auf eine Betonstraße. Links geht es zu einem Campingplatz, rechts hinein nach Estella/ Lizarra. Dort steht gleich am Ortsanfang die Parroquialkirche Iglesia Santo Sepulcro (14. Jh.), die sich leider in einem sehr schlechten Zustand befindet (herrliches Tympanon). Wenig später sind Sie bei der Albergue in der Calle Rua (UTM 579690 / 4724620).

KOMPASS INFO

Estella/Lizarra

Die 900 Jahre alte Stadt wurde von König Sancho Ramírez am Ufer des Rio Ega gegründet. Sie entwickelte sich zu einer wichtigen und reichen Handelsstadt am Camino, vergleichbar mit Burgos. Etliche mittelalterliche Bauwerke sind erhalten, so die Kirchen San Pedro de la Rua (12. Jh.), San Miguel (12. Jh.), Santo Sepulcro (14. Jh.) sowie der Palast der Könige von Navarra (12. Jh., Tourist-Info im Haus). Im Kreuzgang von San Pedro de la Rua schräg gegenüber (nur abends geöffnet) findet man wunderbar gedrehte Säulen und in der Kirche neben dem Hochaltar, sehr beeindruckend, einen romanischen und einen gotischen Christus am Kreuz. Das romanische Kruzifix ist schlicht und wuchtig, die Christusfigur hat nebeneinander aufgesetzte Füße, während der gotische Christus schmerzverzerrt und mit übereinander genagelten Füßen dargestellt wird. Dies ist europaweit so.

Bemerkenswert ist auch der Rio Ega mit seinem klaren Wasser, welches schon in alten Schriften als sauber und fischreich gerühmt wird. Die Albergue finden Sie gleich bei der großen Brücke in der Strasse „Rua". Es empfiehlt sich, rechtzeitig einzutreffen, da sie schon am späteren Nachmittag oft belegt ist.

9. Tag: Estella/Lizarra – Los Arcos

Zum kostenlosen Weinbrunnen von Irache

Ausgangspunkt: Estella/Lizarra | **Charakter:** Leicht mit ein paar Steigungen | **Unterkunft/Einkehr: Ayegui:** Albergue (groß und modern), Bar; **Irache:** Hotel Irache *** an der N-111 (Tel. 948551150); **Villamayor de Monjardin:** 2 Albergues, Bar, Tienda; **Los Arcos:** 4 Albergues, Bars, Läden 3 Hotels

Leicht | 20 km | 6 Std.

Man geht in Estella die Calle Rua entlang in die Calle San Nicolas und durch ein uraltes Stadttor, um durch eine Schlucht von Mietskasernen Richtung Ayegui und Irache zu ziehen. Noch in Estella kommt man an einen Verkehrskreisel und passiert eine Tankstelle. Man umgeht den Kreisel entgegen dem Uhrzeigersinn und biegt rechts in die Calle Camino de Santiago ab. Nach einer Weile bergauf kommt man, nun in Ayegui, an eine Wasserstelle – und an eine neue, große und komfortable Albergue (Sportzentrum). Folgen Sie nun den Jakobsweg-Markierungen etwas links haltend. Sie kreuzen die N-111 und kommen zu dem gewaltigen Monasterio de Irache (Anfänge 10.Jh.).

Gegenüber befinden sich die heute vielleicht noch bekannteren Bodegas de Irache mit ihrem Wasserhahn, aus dem kostenlos bester Wein für die Pilger fließt.

Für eine ganze Weile hat man nun die überwucherte Grenzmauer des

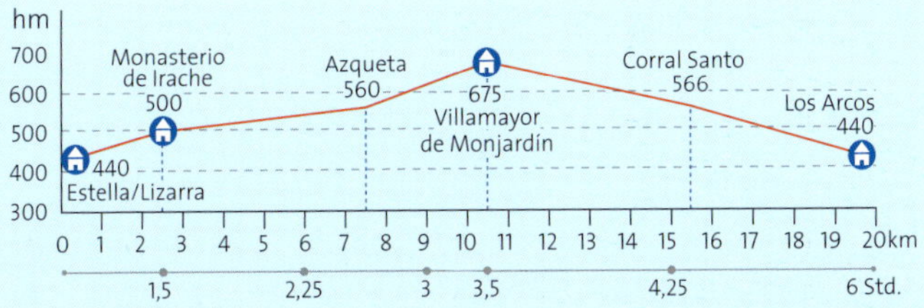

riesigen Klosters links neben sich. An deren Ende biegt man rechts ab und kreuzt bald die N-111 an einem Hotel***. Entlang von Sportanlagen und einem modernen Campingplatz geht man geradeaus

KOMPASS INFO

Irache ist in zweifacher Hinsicht bemerkenswert. *Erstens:* Dort steht ein berühmtes Kloster, das Monasterio de Irache (Benediktiner-Abtei seit 958). Die Kirche (12.Jh.) ist dreischiffig mit je 4 gewaltigen Säulen rechts und links, jedoch keinem Hochaltar. An der linken Seite sieht man einen schön und figurenreich gearbeiteten Sarkophag aus dem 12. Jh. In der Apsis befindet sich eine Reliquie des Santo Veremundo, Abt von Irache, dem Heiligen des Jakobsweges in Navarra. Seit 1054 gab es ein großes Pilgerhospiz. *Zweitens:* Das Weingut von Irache mit seinen vorzüglichen Weinen, das es sich nicht nehmen lässt, die vorbeiwandernden Pilger kostenlos mit Wein zu versorgen. In einem Hof gibt es einen Brunnen, aus dessen einem Hahn Wasser, aus dem anderen echter Wein fließt, soviel Sie mögen. Er schmeckt hervorragend. Prosit!

Rast am mittelalterlichen Fuente de los Moros, Trinkwasser ein Stück weiter im Ort.

und hat in der Ferne den Monjardin (894 m) vor sich. Durch lichten Wald gelangen Sie an eine Teerstraße (NA-7453). Ein paar Meter weiter gibt es eine Wasserstelle wie dann auch im nächsten Ort Azqueta. Am Ortsende geht man

KOMPASS INFO

In dem malerisch am Hang des 894 m hohen Monjardin gelegenen **Villamayor de Monjardin** gibt es die bemerkenswerte Iglesia de San Andrés (12. Jh.). Man betritt sie durch ein romanisches Portal. Der Turm allerdings stammt aus dem Barock (17. Jh.), wie überhaupt viele Jahrhunderte an dem Gotteshaus gebaut haben. Ehe man den Ort erreicht, liegt am Camino rechts ein gotisches Brunnenhaus, der Fuente de los Moros. Hier tränkten die Pilger im Mittelalter ihre Tiere. Die Halle stammt aus jener Zeit.

rechts in das Tal und muss anschließend den Berg relativ weit hochkrabbeln. Man kommt an den gotischen Fuente de los Moros, den „Maurenbrunnen" (Wasser nicht trinkbar; UTM 573978/ 4720507) und wenig später nach Villamayor de Monjardin. Von der Kirche wendet man sich zweimal links hinab in die Felder. Die Fahrstraße verlässt man kurz darauf nach rechts auf einen Trampelpfad (UTM 573528 / 4720211). Am Ende der Weinfelder stößt man auf einen breiten Fahrweg. Man kommt an eine Landstraße (UTM 572812 / 4718600). Hier ist eine Wasserstelle. Geradeaus geht die angenehme Kiesstraße weiter. Bei UTM 569210 / 4716330 führt der Weg nach links.

Schließlich kommen Sie nach Los Arcos. Hier soll die heutige Reise zu Ende sein. Die Herbergen sind in der Ortsmitte und jenseits des Rio Odrón.

Der Monjardin mit seiner uralten Burgruine.

10. Tag: Los Arcos – Logroño

Zum Grab Cesare Borgias, Sohn des Papstes Alexander VI.

Ausgangspunkt: Los Arcos | **Charakter:** Nicht schwer, aber weit
Unterkunft/Einkehr: Sansol: Albergue, Bar, Apotheke; **Torres del Rio:** Albergue, Bar, Tienda; **Viana:** Albergue, Hotel,Hostals, Bars, Apotheke, Post, Läden; **Logroño:** Albergue, Hotels, Hostals, Apotheken, Post, alle Läden

Mittelschwer | 27 km | 8,5 Std.

In Los Arcos geht man zu der prächtigen Parroquialkirche Iglesia de Santa María, deren Ursprung in das 12. Jh. zurückreicht. Renaissance und Barock begründeten eine außerordentlich reiche Innenausstattung. Die Maria im Hauptaltar wird ein einziges Mal im Jahr, nämlich zur Sommersonnenwende, von der Sonne angestrahlt.

Los Arcos.

Gehen Sie nun durch den Arco de Castilla in südwestlicher Richtung aus dem Ort hinaus und kilometerweit auf einer breiten Feldstraße immer geradeaus. Nach etwa 4 km zweigt man an einer Art kleinem Feldbunker (UTM 562736/4712558) rechts in die Felder ab. 2 km weiter stößt man bei UTM 560964/4712544 (Ruine der Ermita de San Pedro rechts voraus in den Feldern) auf eine Landstraße (NA-7205), der man nach links folgt. Man kommt nach Sansol. Zur Albergue geht man die Calle Mayor rechts hinauf Richtung Kirche, dann an einem kleinen Platz links in die Calle Real.

Um nach Torres del Río zu gelangen, muss man hinunter in das Tal

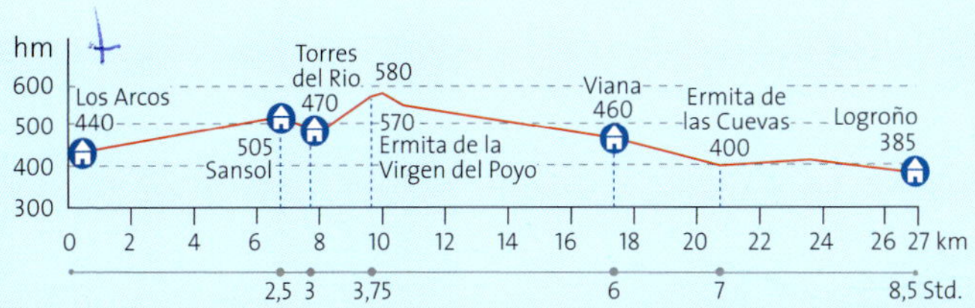

des Rio Linares. Am Ortsausgangschild biegt man links ab und geht sofort rechts auf einem Trampelpfad bergab. Nach starken Regenfällen bleibt man besser auf der Straße. Am Ende des Weges geht man durch einen kleinen Tunnel und überquert eine Brücke. Dahinter gibt es eine Trinkwasserstelle und man steigt hinauf nach Torres del Rio.

Für die nächsten Kilometer wird der Weg etwas unangenehm, bergauf, bergab. Man überquert die N-111 / NA-1110. Dann kommen Sie an die Ermita de la Virgen del Poyo (geschlossen, jedoch schöner Rastplatz, ohne Schatten, UTM 557713/ 4710484). Ein Stück hinter der Kapelle betreten Sie abermals die N-111, jetzt NA-1110, der Sie 200 m folgen, ehe es wieder auf einen Geländepfad geht. Kurz vor Überholverbotsschildern verlässt man die Nationalstraße (Km 72) nach rechts.

Die größte Höhe auf dem Teilstück bis Logroño übersteigen Sie bei UTM 557200/4710483 (580 m, schöner Rundblick). Sie kreuzen die NA-7206, der Sie 100 m nach links folgen, um dann scharf nach rechts auf einen breiten Winzer- und Landwirtschaftsweg einzuschwenken und sehr bequem bergab zu laufen. Das Tal erreichen Sie bei UTM 556371/4709946, bis Sie nach ungefähr 1 km auf die N-111/NA-1110 treffen.

Bis Viana, der letzten Stadt in Navarra, sind es nun noch ungefähr 4 km, die Sie den Markierungen folgend weitgehend an der Nationalstraße verbringen. Das UTM in Viana an der Plaza del Cosa (Rathaus) ist 551733/ 4707453. Die prächtige romanisch-gotische Kirche Santa María liegt ein wenig weiter rechts in der Calle Santa María, durch die man geradeaus weiter zur Ruine der Peterskirche

KOMPASS INFO

In **Torres del Rio** steht die romanische Iglesia Santo Sepulcro (Heiliges Grab). Sie hat verblüffende Ähnlichkeit mit der achteckigen Iglesia Santa María de Eunate bei Obanos. Auch in Torres Del Rio weiß man nicht, wer das Gotteshaus erbaut hat. Jedenfalls dürfte es im 12. Jh. entstanden sein und ist ein Kleinod mittelalterlichen Kirchenbaus. Unbedingt besuchen!

geht. Neben dieser liegt die Albergue mit ihren 3-stöckigen Betten (UTM 551479 / 4707104).

An der auch als Ruine noch prächtigen gotischen Kirche San Pedro (Calle Santa María) vorbei verlassen Sie Viana durch das Tor San Felices, das älteste Tor Vianas, Richtung N-111/NA-1110 im Südwesten. Unmittelbar vor der Nationalstraße, mehr oder weniger parallel, geht man rechts auf ein Asphaltssträßchen, ehe es zum Kiesweg wird und die Schnellstrecke in einer Betonröhre unterquert. Wir gehen jetzt zur Ermita de las Cuevas. Vor einer lang gestreckten Betonhalle, vor der sich die Straße gabelt, geht man rechts. An der Eremitage (17.Jh.) gibt es eine Wasserstelle (UTM 550208/4705301). Die Ermita ist geschlossen, jedoch werden Gottesdienste unter freiem Himmel abgehalten. Die Wanderzeichen haben jetzt von weiß/rot auf weiß/grün gewechselt.

Ungefähr 1,5 km weiter kommt man in ein Wäldchen und kann entweder links an die Laguna de las Cañas, einen größeren See (Naturschutzgebiet, interessante Vogelbeobachtungen) gehen oder sich an die neue Wegführung quer

Viana: Sta. Maria.

KOMPASS INFO

Viana, Stadt des Cesare Borgia, wurde 1219 als Grenzstadt und Festung zwischen den Königreichen Navarra und Kastilien von König Sancho VII. gegründet. Deshalb liegt es auf einer gut zu verteidigenden Anhöhe. 200 Jahre später tobten blutige Kämpfe in der Gegend, an denen auch der berühmt-berüchtigte Cesare Borgia, Kardinal, Heerführer und Sohn des nicht weniger berüchtigten Papstes Alexander VI., teilnahm und dabei am 12. März 1507 im Alter von nur 32 Jahren zu Tode kam. Er wurde am Eingang der prächtigen gotischen Iglesia de Santa María (13. Jh.) beigesetzt (nicht in der Kirche! Dort mochte man ihn nicht begraben), wo er noch heute liegt.

Santa María ist ein dreischiffiges gotisches Gotteshaus mit noch romanischen Elementen und mit jeweils mächtigen Säulen rechts und links des Mittelschiffs sowie einem gewaltigen barocken Hochaltar, über und über in Gold gearbeitet. Eine Reihe von Seitenaltären stammen ebenfalls aus dem Barock und sind außerordentlich szenenreich. Die andere mittelalterliche Iglesia de San Pedro gleich neben der Albergue ist seit Mitte des 19. Jh. eine Ruine.

über die Nationalstraße nach rechts halten. Schöner ist der Laguna-Weg, etwas kürzer über die Landstraße.

Wenn man an dem Gewässer so gut wie vorbei ist, erreicht man einen Wegestern. Hier biegt man rechts ab Richtung Nationalstraße und Werksanlagen einer Papierfabrik. Dort kreuzt man die N-111 und betritt ein paar Meter weiter das berühmte Weinanbaugebiet Rioja (Landesgrenze). Gehen Sie nun geradeaus, unterqueren eine Brücke und wandern auf einem Sträßchen mit rotem Asphalt weiter, bis das Tal des Ebro vor Ihnen liegt

Logroño betreten Sie beinahe durch das Hintertürchen. Sie kommmen an einem Friedhof vor-

KOMPASS INFO

Logroño
ist nicht nur die erste Stadt in Castilla y León, sondern auch die Hauptstadt der Rioja und Universitätsstadt. Pulsierendes Leben, schöne Bauten, moderne Kaufhäuser und Läden: Hier können Sie kaufen, was das Herz begehrt und die Geldbörse hergibt. Die Stadt reicht zurück in die Zeitenwende zu den Römern. Im ständigen Auf und Ab der Geschichte wurde sie ziemlich bedeutungslos, ehe der Jakobus-Kult sie im Mittelalter wieder aufblühen ließ (Stadtrecht 1095). Man kann noch heute prächtige Kirchen wie die barocke Kathedrale Santa María de la Redonda, die Iglesia Santa María del Palacio oder die Iglesia de Santiago del Real bewundern.

Alter Unwetterbunker bei Viana.

KOMPASS

0 1000 m

bei, und da fließt er, der Ebro. Überqueren Sie ihn auf der nächsten Brücke (19. Jh., Vorgängerbrücken zur Römerzeit und im Mittelalter). Am Ende der Brücke geht man rechts in die Rua Vieja (Alte Straße). Gegenüber der Polizeistation biegt man links in die Travesia de Palacio ein. 20 m weiter finden Sie den Eingang zur Albergue (UTM 545654/4702100).

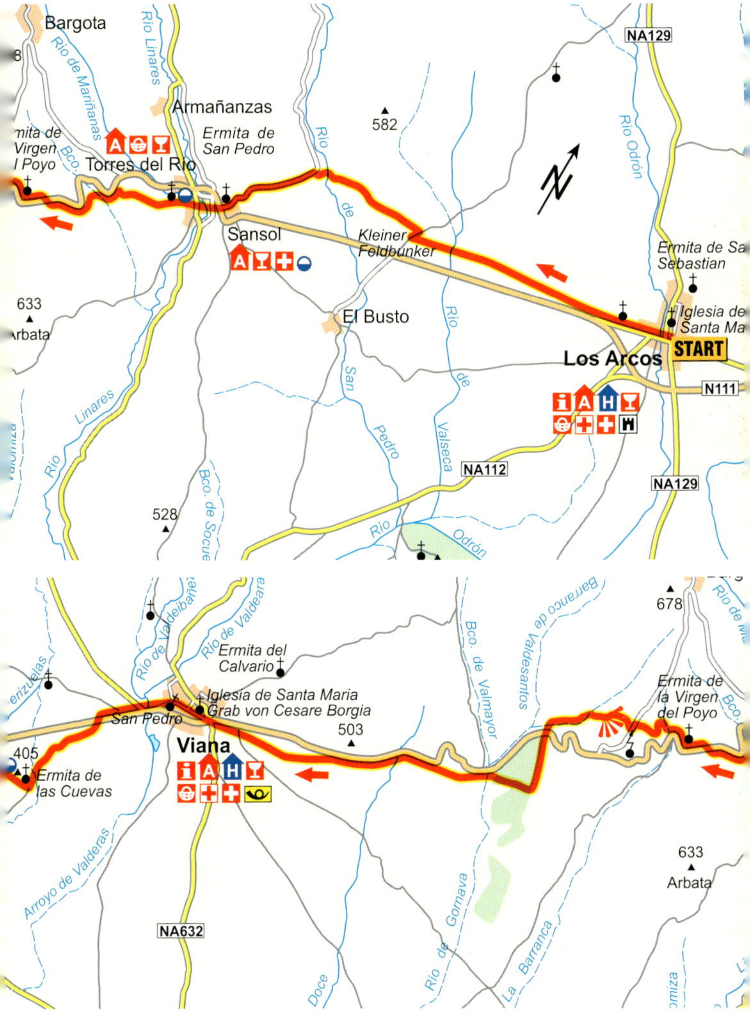

11. Tag: Logroño – Nájera

Der erste Tag in der Rioja, dem Land der guten Weine

Ausgangspunkt: Logroño | **Charakter:** Mittelschwer, mit schönen Aussichtspunkten, recht lang; **Unterkunft/Einkehr: Navarrete:** 2 Albergues, Hotel San Camilo*** (Tel. 941441111), Hostal* Villa de Navarrete; **Ventosa:** Albergue, Bar, Tienda; **Nájera:** 2 Albergues, Hotel, Hostals, Bar, Apotheke, Supermarkt, Läden

Mittelschwer | 28 km | 8,5 Std.

Gehen Sie von der Herberge in Logroño durch die Calle del Marqués de San Nicolás. Viele Wege führen durch Logroño – orientieren Sie sich einfach nach Westen.

Nachdem man sich bis zur Plaza Alférez Provisional, einem großen Verkehrskreisel mit ebenso großem Springbrunnen durchgeschlagen hat, hält man sich links in die Calle Marqués de Murrieta. Hier muss man auf den Fußboden schauen: es gibt in das Pflaster eingelassene Metallmuscheln. Sie kommen an den nächsten Kreisel mit einem halben Dutzend Palmen und kreuzen ihn außen herum (weiterhin C. Murrieta).

Wenn man eine Eisenbahnlinie überquert hat, kommt an einer Ampel ein großer Ford-Händler. Man geht hinüber zum Nissan-Händler und biegt links auf eine vierspurige Straße mit bepflanztem Mittelstreifen ab. Vor einer rot-braunen Fußgängerbrücke mit interessantem Design biegt man rechts ab. 100 m weiter geht man schräg links den Berg hinauf in einen Park. Oben hält man sich rechts. Beim Verlassen des Parks kommt man an einem KIA-Händler vorbei und geht schräg links erneut in ein Parkgelände. Gleich nebenan ist die N 232, die unterquert wird.

Die nächsten 2 km führen geradeaus zum Parque de la Grajera y Barranca. Hier hat Logroño ein schönes Erholungsgebiet rund um einen Stausee eingerichtet.

Gehen Sie über die Staumauer und biegen danach sofort links ab. Wenig später kommen Sie an eine Bar am Seeufer.

Kurz nach Passieren zweier Sendemasten biegt man an einer Hütte rechts ab, um 100 m weiter einen Schwenk nach links zu machen. Links voraus am Berg fahren Autos: dort verläuft die Autobahn A68. Wir sind jetzt schon in den Weinfeldern der Rioja, einem

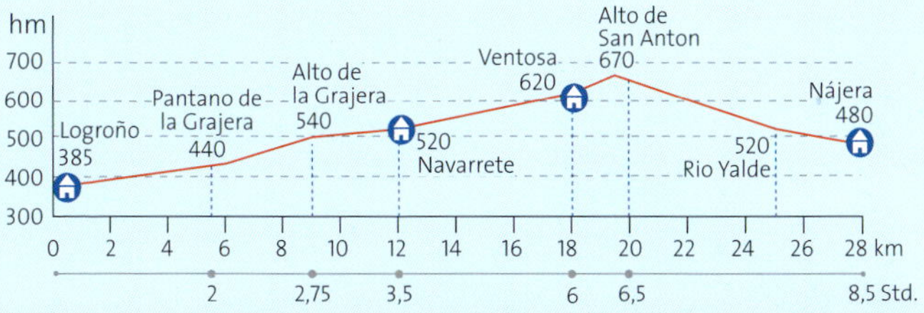

der berühmtesten Weinanbaugebiete Spaniens. Es folgt ein Anstieg auf den Alto de la Grajera. Wenn Sie über den Pass hinweg sind, taucht links vor Ihnen eine weltbekannte Figur auf: die stählerne Silhouette des Osborne-Stiers.

Ein Stückchen weiter, man mag es glauben oder nicht, muss der Pilger die Ein- und Ausfahrt der Nationalstraße ungeschützt überqueren. Vorsicht! Man geht auf dem schmalen Seitenstreifen weiter. Hinter der nächsten Kurve taucht Navarrete auf. Hinter der Biegung verlassen wir den Zubringer schräg rechts auf einen Feldweg. Die nächste schnelle Straße, die wir überqueren, ist die Autobahn A 68 (UTM 537005 / 4698243). Gehen

Parque de la Grajera y Barranca bei Logroño.

Die stählerne Silhouette des Osborne-Stiers.

Sie in Navarrete bis zur mächtigen Kirche Santa María de la Asunción (UTM 536088 / 4697556) mit ihrem überaus prächtigen Hochaltar. Die gesamte Apsis ist barock in Gold ausgestattet, wie Sie es wohl selten zu sehen bekommen.

An der Plaza del Arco mit einem Kandelaberbrunnen biegt man links in die Calle Arrabal ein und geht bergab. Man gelangt auf die aus dem Ort hinaus führende Hauptstraße und geht zur N-120 Richtung Nájera. Am Stoppschild wechselt man die Straßenseite und marschiert dann eine ganze Weile am Fahrbahnrand entlang. Nach dem Ortsausgangschild kommt man an den Friedhof, dessen prächtiges romanisches Eingangsportal (12. Jh.) von dem Hospital San Juan de Acre der Doña Ramirez stammt. Die Ornamentik

Ruinen San Juan de Acre (Hospiz aus dem 12. Jh.).

des Portalbogens und der Rosette zeigt deutlich maurischen Einfluss. Nach dem Friedhof haben wir wieder einen „eigenen" Feldweg neben der Nationalstraße. An dem vorerst letzten landwirtschaftlichen Gehöft verlässt der Fahrweg, dem wir weiter immer geradeaus folgen, schräg links die Nationalstraße und führt in die Felder (UTM 534793 / 4697142). Schließlich folgen wir der Autobahn und gehen dann nach links nach Ventosa (Albergue). Am Ortsausgang folgt man nicht der Fahrstraße, sondern geht links zu einer grob gemauerten landwirtschaftlichen Halle.

War es bisher einigermaßen langweilig, so kommt nun eine interessantere Strecke. Es ist der Weg hinauf zum Alto de San Antón, auch bekannt als Pass der Steinmännchen. Wir hatten dies ja bereits in Etappe 3 vor Puente la Reina de Jaca. Hier wiederholt es sich: Pilger haben hunderte von kleinen Figuren aus Kieselsteinen aufgeschichtet, eben die Steinmännchen. Wenn Sie oben ankommen, haben Sie einen herrlichen Rundblick hinüber zu den Bergen im Westen und Norden und in das Tal des Rio Najerilla. Bei klarem Wetter traumhaft! Beachten Sie nach dem später folgenden Poyo de Roldán, dem Rolandspass, den bienenkorbartigen Steinhügel einer Schutzhütte bei Alesón. Hier soll der Sage nach der Kampf des Ritters Roland gegen den muselmanischen Riesen Ferragut, einem Syrer mit 200 Kilo Gewicht, stattgefunden haben. Ferragut war Burgvogt in Nájera und wurde von Roland getötet.

An einem großen Kieswerk zeigt der gelbe Pfeil nach rechts und 50 m weiter sofort nach links. Unmittelbar hinter dem letzten Kies-

KOMPASS INFO

Kurz vor Navarrete kommt man unmittelbar hinter der Autobahnbrücke an der Ruine der mittelalterlichen Albergue San Juan de Acre vorbei. Die Herberge wurde 1185 von Doña Maria Ramirez für die Pilger gegründet.

Navarrete

haufen zweigt der Camino über eine Treppe und eine kleine Brücke links ab (UTM 524833 / 4695841). In Nájera geht man geradeaus, bis man über die Brücke des Rio Najerilla kommt (UTM 521969 / 4696151). Von der Brücke führen Treppen direkt links hinab zum Fluss und zu der Albergue.

Die rote Erde der Rioja und ihre Weinfelder, so weit das Auge reicht.

KOMPASS INFO

Nájera
Viele Historiker datieren die Gründung der Stadt in das 11. Jh., jedoch waren die Römer schon 1000 Jahre früher hier. Das herrliche Kloster Santa Maria la Real wurde allerdings wirklich 1045 gegründet. Hier findet man auch den berühmten Sarkophag der Königin Bianca von Navarra (12. Jh.) sowie weitere mittelalterliche Grabstätten.

In Nájera gibt es kaum wirklich alte historische Gebäude, nimmt man die kirchlichen Bauwerke aus. Besonderheit: Die prächtige Kirche Santa María la Real war eine Papstkirche, nur dem Pontifex, nicht dem örtlichen Bischof unterstellt. Eine als Relief in die Mauern eingelassene päpstliche Tiara mit den gekreuzten Petersschlüsseln erinnert daran.

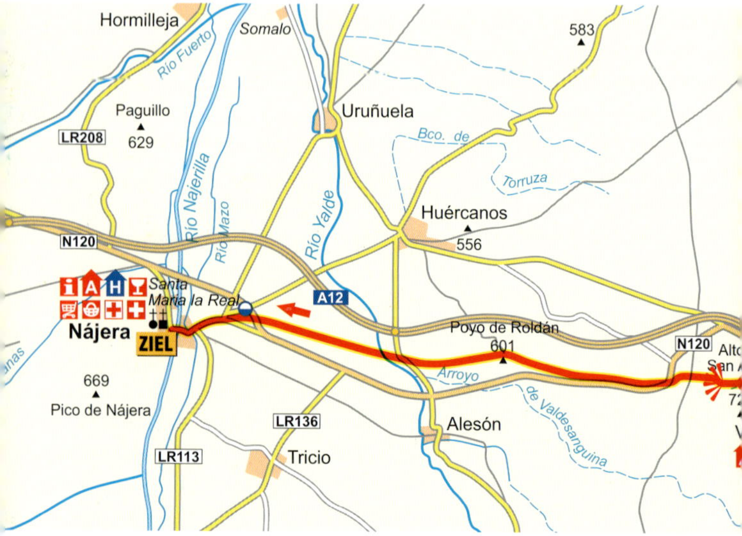

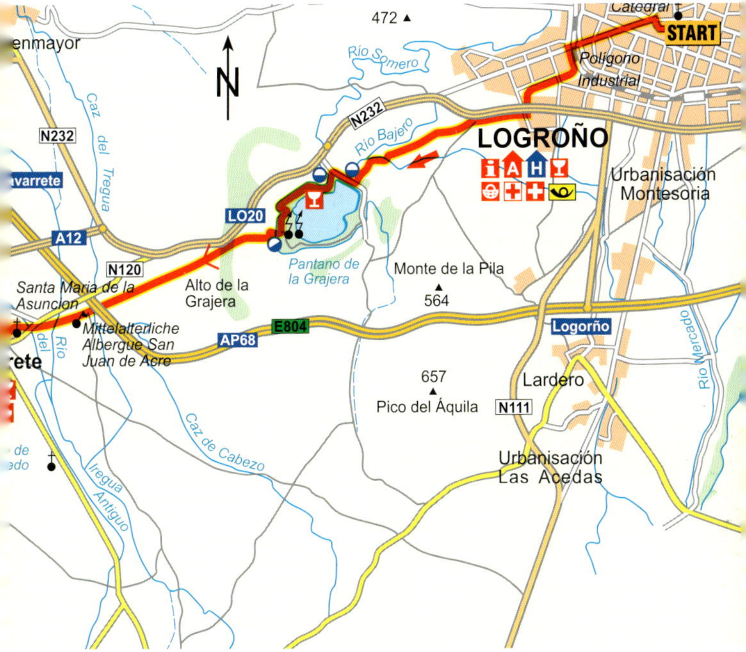
Catedral
START
472
enmayor
Río Somero
Polígono Industrial
N
N232
N232
Río Bajero
LOGROÑO
Urbanisación Montesoria
Caz del Tregua
avarrete
LO20
A12
N120
Pantano de la Grajera
Monte de la Pila
564
Santa Maria de la Asuncion
Alto de la Grajera
Mittelalterliche Albergue San Juan de Acre
E804
AP68
Logorño
Río Mercado
del Río
rete
657
Pico del Áquila
N111
Lardero
Caz de Cabezo
Iregua Antiguo
Urbanisación Las Acedas

Bco. Grande
Bco. de los
527
N232
Navarrete
Caz del Tregua
LO20
A12
N120
Santa Maria de la Asuncion
Alto de la Grajera
555
Narres Fuente
Ayo. de
Mittelalterliche Albergue San Juan de Acre
E804
AP68
Navarrete
Cuento
821
de la
del Río
Caz de Cabezo
Pantano de Valbornedo
626
Iregua Antiguo
Bco. de Ayedo
Ayo. de Las Alias
Ayo. de la Tejera
Arroyo
sa
Sótes

12. Tag: Nájera – Santo Domingo de la Calzada

Heute soll der Hahn krähen

Ausgangspunkt: Nájera | **Charakter:** Einfach, mit zwei nicht schwierigen Anstiegen; **Unterkunft/Einkehr: Azofra:** Albergue, Tienda, Bars, Brunnen, Hotel (schön, aber teuer), Cirueña Albergue, Bar; **Santo Domingo de la Calzada:** 2 Albergues, Hotels, Hostals, Bars, alle Läden

Leicht | 22 km | 6 Std.

Von der Albergue in Nájera bzw. hinter ihr geht man rechts und biegt in die zweite Querstraße rechts ab (Calle Mercado). Durch eine schmale Gasse kommen Sie zu der ehemaligen Papstkirche. Man geht die Calle Constanilla weiter. Nun beginnt der Camino zu steigen. Man gelangt an einen Pass und hat jetzt die weite Hochebene der Rioja Alta vor sich.

Wandern Sie immer geradeaus. Zur modernen Albergue in Azofra geht man nach dem Dorfplatz die nächste Straße rechts. Der Camino

Weizenanbau hat den Wein abgelöst.

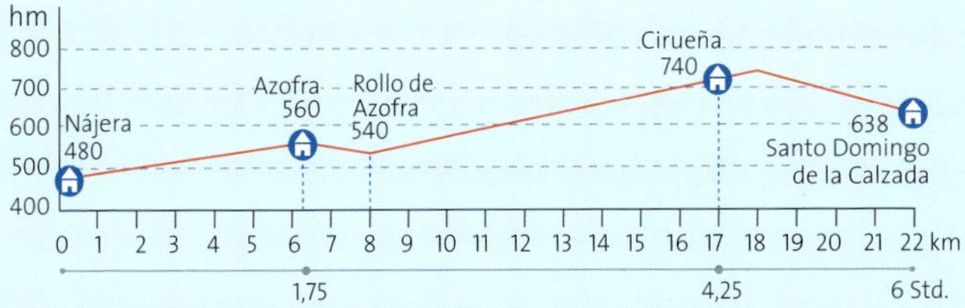

hingegen führt geradeaus durch das Dorf (LR-206) und biegt am Ortsausgangschild links ab. Etwa 1,5 km hinter Azofra steht ein sog. Rollo, eine Gerichtssäule aus alten Zeiten (16. Jh.). Bei UTM 513698/4697966 kreuzt man eine Landstraße. 50 m weiter kann man entweder die Feldstraße geradeaus oder einen Weg schräg rechts zu einem Rastplatz nehmen. Man kommt zum neuen Cirueña (Bar) und kann am Ortseingang (Golfplatz) rechts nach Ciriñuela oder geradeaus durch das wie ausgestorben wirkende Dorf laufen. Ein Stückchen weiter kommen Sie in das alte Cirueña und dort an die LR-204. Links geht es zu einer Bar, rechts verläuft der Jakobsweg am Straßenrand. Hinter einer lang gezogenen S-Kurve biegt man links

Gerichtssäule „Rollo de Azofra".

Kathedrale in Santo Domingo de la Calzada.

KOMPASS INFO

Santo Domingo de la Calzada
heißt wörtlich übersetzt „Hl. Dominikus von der Straße", womit jener Heilige gemeint ist, der sich um den Ausbau des Jakobsweges, besonders um den Bau von Brücken verdient gemacht hat. Er ist der Gründer der Stadt (10. Jh.), die durch das „Hühnerwunder" berühmt wurde. Die romanische Kathedrale, von der noch Reste zu sehen sind, wurde 1106 geweiht. Die heutige Kirche wurde während der Gotik darüber gebaut. Aus dieser Zeit stammt auch der Hühnerstall in dem Gotteshaus. Sie können die Kathedrale nur durch das Museum gegen Eintritt besichtigen. Stall und Grab des Heiligen kann man jedoch vom Kirchenplatz aus sehen. Der neben der Kirche stehende Glockenturm stammt aus dem 16. Jh. und wurde aus statischen Gründen ein Stück entfernt von der Kathedrale errichtet. Das Parador-Hotel**** war die alte Pilgerherberge (15. Jh.). Weitere prächtige Renaissancebauten findet man überall in der Stadt.

Eine der Albergues befindet sich in einem alten, noch heute aktiven Zisterzienserinnen-Kloster (1610). Im Garten der anderen Albergue finden Sie den Stall (mit Auslauf) der weißen Hühner, die abwechselnd in der Kathedrale ihren „Dienst versehen".

ab in die Felder und hinauf zur Mesa de Irión (766 m, UTM 507250/4696607). Von hier oben hat man eine herrliche Rundsicht von den Hügeln „nebenan" bis zu den Gebirgen in der Ferne. Etwa 4 km vor Ihnen liegt das heutige Tagesziel Santo Domingo de la Calzada. Die

0 1100 m

KOMPASS INFO

Das Hühnerwunder
Eine Wirtstochter im Ort verliebte sich in den Sohn eines Pilgerpaars. Er wollte von ihr nichts wissen, sondern nur schlafen (so wie die Pilger heute auch ...). Daraufhin schmuggelte sie einen silbernen Becher in sein Gepäck und behauptete, er habe ihn gestohlen. Man hängte den Jungen, und die Eltern zogen betrübt nach Santiago weiter. Der Heilige aber hielt seine Hände unter den Verurteilten, bis die Eltern zurückkamen und rettete ihm das Leben. Man erzählte die Geschichte dem Bischof, der gerade zwei gebratene Hähnchen verspeiste. „Eher fliegen diese Hähne wieder, als dass die Geschichte wahr ist", antwortete er. Da krähten die Gockel und flogen davon. Zum Andenken bauten die Gläubigen einen Hühnerstall in die Kathedrale, in dem seither ein Hahn und eine Henne (heute immer nur für einen Tag) wohnen. Jeder Pilger, der den Hahn krähen hört, erreicht Santiago de Compostela gesund und glücklich.

Stadt mit ihren Industriebauten und Wohnblocks sieht von hier oben hässlich aus, hat jedoch eine ansehenswerte alte Innenstadt und vor allen Dingen die berühmte Kathedrale mit dem Hühnerstall und dem Grab des Heiligen. In Santo Domingo de la Calzada kommt man zum Campo Municipal el Rollo. Hier biegt man links ab und geht geradeaus Richtung Kathedrale. Folgen Sie am nächsten Verkehrskreisel dem Wegweiser „Parador". Eine Wasserstelle finden Sie nach diesem Kreisel. Zu den Herbergen gehen Sie weiter geradeaus durch die Calle Mayor in den Kern der Altstadt.

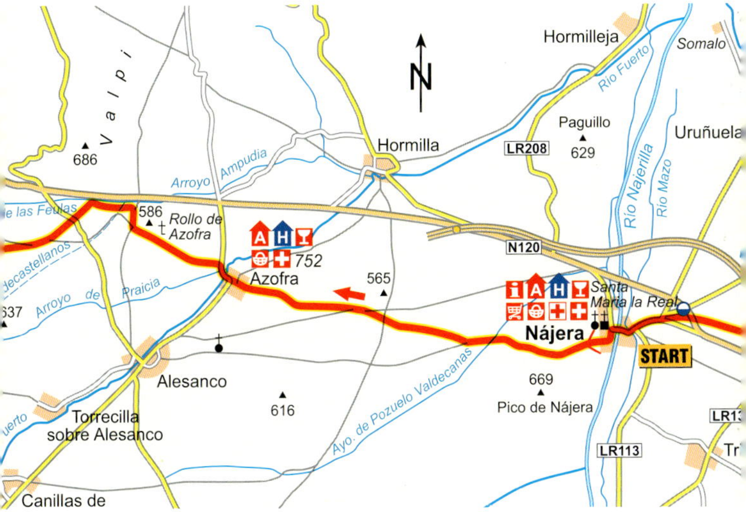

13. Tag: Santo Domingo de la Calzada – Belorado

Ach wie lang ist die Chaussee ...

Ausgangspunkt: Santo Domingo de la Calzada | **Charakter:** Leicht, meist recht eintönig, mit ein paar Steigungen; **Unterkunft/Einkehr: Granón:** 2 Albergues, Tienda, Apotheke; **Redecilla del Camino:** Albergue, Bar; **Castildelgado:** Hostal, Tienda; **Viloria de Rioja:** Albergue; **Villamayor del Rio:** Albergue; **Belorado:** Etliche Albergues, Hostal, Casas Rurales, Bar, Apotheke, Läden; Hotel Belorado (Tel. 947580684), Hotel Jakobeo (Tel.947580010)

Leicht | 23 km | 6,5 Std.

An der Kathedrale in Santo Domingo de la Calzada (UTM 503807 / 4698728) vorbei geht man durch die Calle Mayor nach Westen. An deren Ende geht man links und 20 m weiter rechts zur Brücke über den Rio Oja. Am Ende der Brücke wendet man sich nach rechts auf einen Kiesweg. Wenig später kreuzt man querab von zwei hohen Fabrikschornsteinen die LR 201 in Richtung „TÜV". Nach etwa 2,5 km geht man an einer Feldweggabel rechts zur N120 und folgt ihr. Nach 6,5 km seit St. Domingo kommen Sie an einen querenden Feldweg und wandern links. 200 m nach dem Abzweig folgen Sie dann der Feldstraße rechts durch die Felder nach Grañon (Albergue).

KOMPASS INFO

Beinahe unmerklich hat sich die Agrarstruktur geändert. Das Ebro-Tal mit seinem mediterranen Klima, dazu der besondere Boden, war hervorragend geeignet für weiträumigen Weinbau. Hinter Santo Domingo de la Calzada ändert sich das: Die riesigen Weinfelder werden abgelöst durch endlose Getreideflächen.

Glauben Sie nicht unbedingt den Verkehrsschildern. Eine durch Satelliten und Fünfzigtausender (also ziemlich genauer) Landkarte vermessene Strecke von 6 km war auf dem zugehörigen Straßenschild mit 2 km angegeben. Selbst ohne GPS war abzuschätzen, dass die Entfernung nie 2 km betragen konnte.

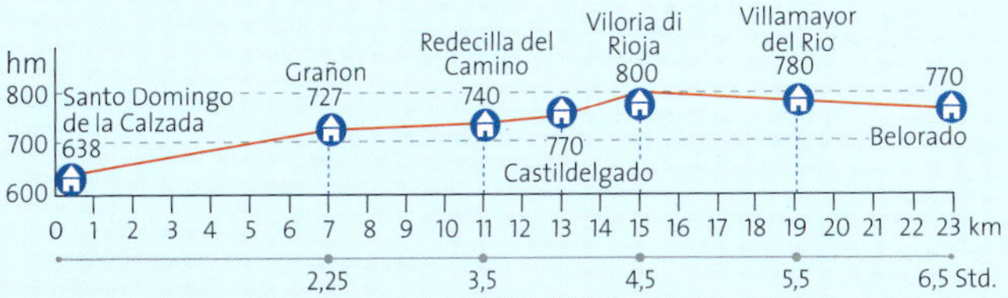

Im Ort gehen Sie nach Norden und schwenken dann wieder nach Westen in eine Schotterstraße ein. Sie biegen 200 m hinter einer Bachbrücke links ab. Der nächste Ort Redecilla del Camino (Albergue an der Kirche, Bar, Wasser, Infostand mit vielen kostenlosen Plänen) liegt bereits in Kastilien/León.

Ungemach droht: Gewitter!

Belorado, Ruine der Königsburg.

KOMPASS INFO

Belorado ist viel älter als der Jakobsweg. Es liegt an einer alten Römerstraße und hat eine lebhafte mittelalterliche Geschichte hinter sich, von der noch etliche Kirchen zeugen. Die „Neugründung" erfolgte im 12. Jh. Die alte Burg existiert noch als Ruine. Bemerkenswert ist der steinerne Hochaltar in der Iglesia Santa María, in dem der Hl. Jakobus oben als „Maurentöter" und darunter als Pilger dargestellt wird. Außerdem gibt es noch die alten Kirchen San Pedro und San Nicolás. In Belorado haben Sie nicht nur die Wahl zwischen verschiedenen Albergues und Hostals, sondern können auch gut einkaufen.

Am Ortsausgang überquert man die N-120 auf die linke Seite. Man

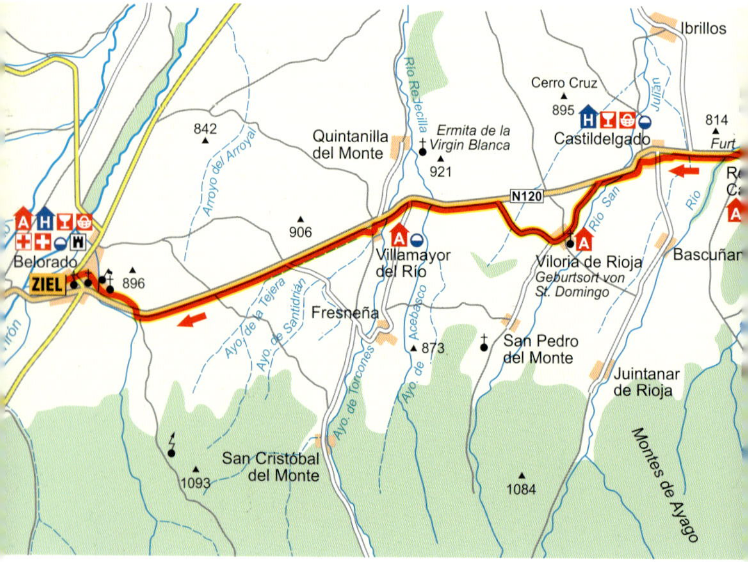

0 1100 m

kommt an eine Furt mit Trittsteinen (UTM 494222/ 4698326). Die Straßenbrücke daneben ist, weil ziemlich schmal, ziemlich gefährlich. 1,5 km weiter kommt man nach Castildelgado.

Man verlässt das Dorf geradeaus hinunter zu einem Bach und wandert dann links haltend nach Viloria de Rioja, dem Geburtsort des Domingo Garcia (1019, gest. 1109), heilig gesprochen und genannt Santo Domingo de la Calzada. An der uralten Kirche geht man schräg rechts und dann durch die Felder hinunter zur N-120 (UTM 490751/ 4697855), der man auf einem Nebenweg nach Villamayor del Rio folgt. Am 4 Kilometer entfernten Ortseingangschild von Belorado kreuzen Sie die N-120 nach rechts auf einen Weg ein wenig abseits und sind wenig später in der Stadt.

Es gibt 3 herrliche Kirchen in Belorado.

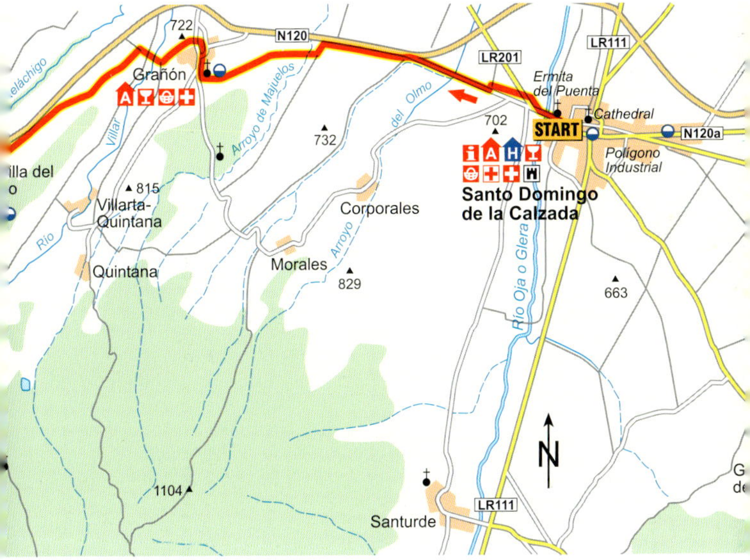

14. Tag: Belorado – San Juan de Ortega

Zum Kloster des Heiligen Hans

Ausgangspunkt: Belorado | **Charakter:** es ist weit und geht wiederholt bergauf, kaum Ortschaften am Weg. Viel Wasser mitnehmen! **Unterkunft/ Einkehr: Tosantos:** Albergue, Bar; **Espinosa del Camino:** Albergue, Bar, Wasser; **Villafranca – Montes de Oca:** Albergue, Hostal, Bar, Bäcker, Wasser (auffüllen!), Casa Rural (Tel. 686040884); **San Juan de Ortega:** Kloster-Albergue ohne Küche; Casa Rural, Bar, Wasser

Mittelschwer | 23 km | 6,75 Std.

Von der Plaza Mayor in Belorado gehen Sie in die Calle Cuatro Cantones und biegen in die nächste Straße links ein. Folgen Sie einfach den vielen gelben Pfeilen, das ist einfacher als ständig Straßennamen zu suchen.

Ermita de la Virgen de la Peña.

Vor der Brücke des Rio Tirón (UTM 483419 / 4696172) wurde für Fußgänger ein separater Steg gebaut. Die alte 5-bogige Brücke wäre zu schmal für modernen Verkehr plus Fußgänger.

Gehen Sie nun immer geradeaus nach Tosantos. Etwa in der Ortsmitte zweigt der Jakobsweg entlang einer 3-poligen Stromleitung links nach Villambistia ab. Die in die Felsen gebaute Ermita de la-Virgen de la Peña sehen Sie schräg rechts am Berg liegen. An der Kirche Villambistia geht man rechts/links ein wenig bergab, kommt an einer Albergue mit Bar und einer Viehtränke – Wasser nicht trinkbar – vorbei und verlässt das Dorf auf einer parallel zur N-120 verlaufenden Straße.

In Espinosa del Camino erreichen Sie die N-120 und gehen jenseits

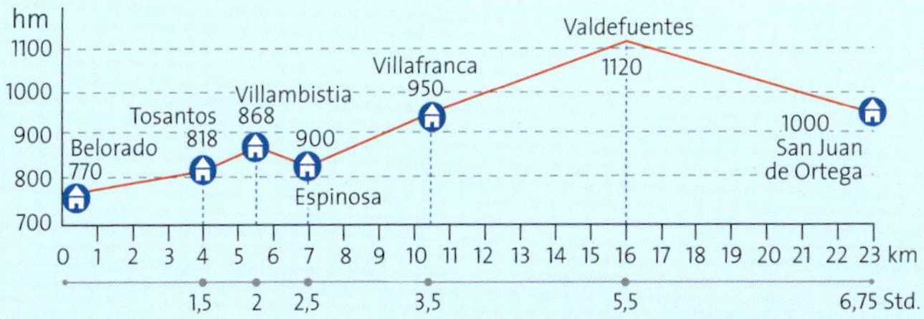

weiter in das verfallende Dorf. An der Albergue führt der Camino rechts vorbei und zweigt sofort nach den letzten (Ruinen)-Häusern links in die Felder ab. Oben stehen einige Sendemasten. Schräg links sehen Sie von dort in etwa 2 km Entfernung den Ort Villafranca-Montes de Oca. Wenn Sie die Unterkunft verschmähen, müssen sie, vorbei an der Kirche, rechts steil hinauf in die Wälder. Zunächst jedoch heißt es hinab ins Tal und dort auf der N-120 rechts weiter.

Brücken über den Rio Tirón – sehr alt und sehr neu.

KOMPASS INFO

San Juan de Ortega
Der um den Camino verdiente Heilige, ein Jünger des Santo Domingo de la Calzada, lebte von 1080-1163. Er begründete in den für die Pilger sehr gefährlichen Oca-Bergen (Raubüberfälle) ein Kloster, reparierte Brücken und Straßen, wurde Beichtvater König Alfons VII. und heilig gesprochen. Die romanische Kirche (Baubeginn 1150, viele gotische Details) stammt aus dieser Zeit. Die einfache Pilgerherberge befindet sich seit alters her in den Klostergebäuden neben der Kirche.

In Villafranca-Montes de Oca können und sollten Sie sich verpflegen und vor allem viel Wasser tanken, weil es die nächsten 11 km bis San Juan de Ortega außer wenig Schatten nichts mehr gibt.

Wo viele Lkw vor einem Restaurant parken, gibt es meistens gute und preiswerte Verpflegung. In

1300 Jahre alt: Reste der Ermita de San Felices (8./9. Jh.) 2 km vor Villafranca.

KOMPASS INFO

Ermita da San Felices
Oben am Berg hinter Espinosa, noch vor der N-120, finden Sie rechts am Weg eine Ruine. Es sind die Reste eines Klosters aus dem 8./ 9. Jh.

Villafranca-Montes de Oca parken viele Lkw ... Vor der Kirche in Villafranca biegen Sie von der N-120 schräg rechts ab. Wenn Sie ungefähr 150 m gestiegen sind, finden Sie einen hübschen Rastplatz mit einer weiteren Wasserstelle, von der man nicht genau weiß, ob es Trinkwasser ist oder nicht.

Die nächsten rund 10 km immer geradeaus durch Eichenwald und eine schöne Heidelandschaft, bei UTM 465677 / 4691816 schräg links

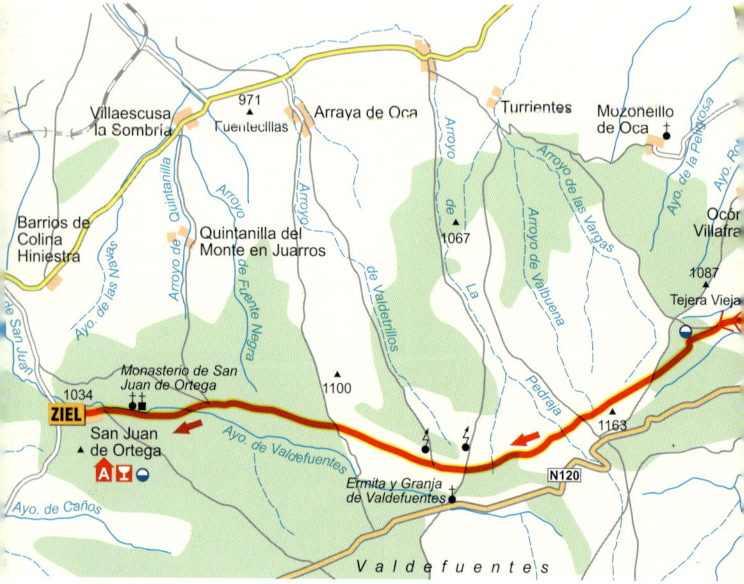

0 1100 m

KOMPASS INFO

Die Vegetation hat sich wieder gründlich verändert: Aus Weinbau und danach Getreidefeldern ist traumhafte Heidelandschaft geworden, die Montes de Oca (Gänseberge). Sie waren früher für die Pilger wegen wilder Tiere und Wegelagerer manchmal lebensgefährlich. Heute sind sie nur noch schön.

in den Wald abbiegen – der Weg nach San Juan de Ortega ist nicht zu verfehlen.

Dort in der einfachen Albergue neben der Grabeskirche des Heiligen (UTM 464031 / 4691598) endet unsere heutige Etappe. Auch 3,5 km weiter in Agés könnte man sehr gut übernachten.

Ein fröhlicher Pilger in den Oca-Bergen.

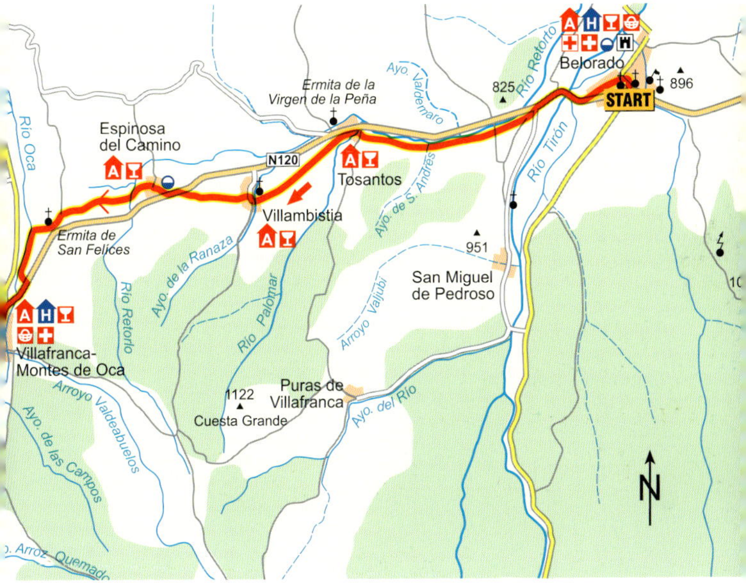

15. Tag: San Juan de Ortega – Burgos

Von der romanischen Klosterkirche zur gotischen Kathedrale

Ausgangspunkt: San Juan de Ortega | **Charakter:** Lang, Anstieg hinter Atapuerca, sonst einfach | **Unterkunft/Einkehr: Agés:** 3 Albergues, Bar, Tienda; **Atapuerca:** 2 Albergues, Bar, Tienda; **Cardeñuela:** Casa Rural (am Ortsende, Tel. 947210479); **Burgos:** 2 Albergues, Jugendherberge, viele Hostals und Hotels aller Klassen (Tourist-Info: Plaza Aloso Martinez 7, Tel. 947203125) Apotheken, Krankenhaus, alle Läden.

Mittelschwer | 23 km | 8 Std.

300 m nach der Albergue in San Juan de Ortega gabelt sich die Asphaltstraße. Man geht links und sofort wieder rechts in den Wald hinein. 3 km weiter hat man die Wahl, entweder über Atapuerca und den Matagrande (1082 m) nach Burgos zu wandern oder aber über Zalduendo – Castrillo del Val – Castañares, mehr oder weniger entlang der N-120, in die Kathedralenstadt zu marschieren. Wir gehen über den Matagrande. In Agés (3 Albergues, Bar, Tienda) biegt man zu den Herbergen an einem alten Mühlstein links ab, während der Camino geradeaus weiterführt (UTM 460547/4690983). Man geht auf einer wenig befahrenen Landstraße nach Atapuerca. Am Ortsende biegt man an einer Plastik des Homo Antecessor links ab in die Felder. Auf halber Strecke zwischen Dorf und Horizont nimmt man an einer Wegegabel (UTM 457469 / 4691873) den Weg schräg rechts. Entlang eines zerfallenden Zauns kommen Sie auf das Plateau des Matagrande mit seinem großen Kreuz (UTM 456174/4692105). Wenig später sieht man dann zum ersten Mal Burgos in der Ferne. Nach einer

KOMPASS INFO

Agés und Atapuerca
Agés ist seit 944 urkundlich belegt. 1054 gab es in der Gegend eine große Schlacht zwischen Navarra und Kastilien. Nebenan in Atapuerca fand man kürzlich die vorerst ältesten Europäer – 800.000 Jahre alte menschliche Knochen (Homo Antecessor).

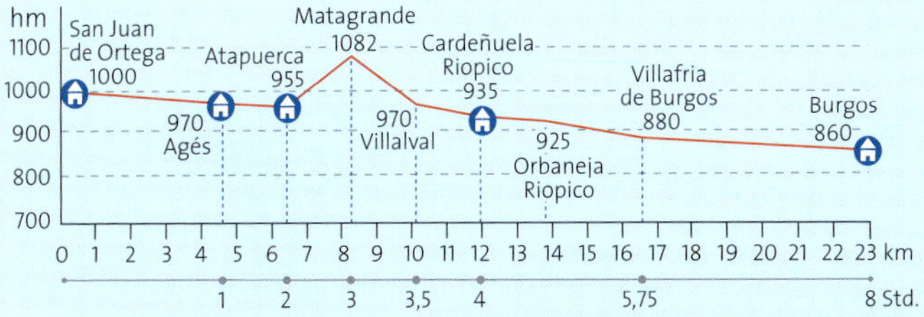

kleinen Weile zweigt links (UTM 455353 / 4691793) eine breite Kiesstraße nach Villalval ab. Sie können entweder in den Ort und dann über Cardeñuela und Orbaneja (Bar, Wasser) zur Autobahn A 1 gehen oder den (ca. 1 km kürzeren) Weg geradeaus nehmen. Auf der Talstrecke versäumen Sie nicht wirklich etwas.

Auf beiden Wege-Varianten kommen Sie über die Autobahnbrücke. 200 m weiter müssen Sie sich an einer Gruppe weißer Plattenbauten (UTM 450893 / 4690174) entscheiden, ob Sie links über Castañares und später am Rio Arlanzón entlang wandern wollen oder ob Sie den alten Jakobsweg über Villafria entlang der N-1 durch endlose Industriegebiete nehmen.

Hinweis: Das Kartäuserkloster Miraflores, eines der berühmtesten Klöster Spaniens, liegt ein wenig

Die Kathedrale in Burgos.

KOMPASS INFO

Der kontemplative **Kartäuser-Orden** (Ordo Cartusiensis, OCart.) unterscheidet sich als Schweigeorden deutlich von anderen Klostergemeinschaften. Er wurde 1084 von Bruno von Köln gegründet und verbietet seinen Mitgliedern weitgehend das Sprechen. Jede/r lebt allein für sich innerhalb des Klosterareals in einer „Kartause", einer eigenen einfach gehaltenen Wohnung, isst allein und hat nur wenig Kontakt zu seinen Mitbrüdern (analog: Mitschwestern). Es gibt weltweit 24 Klöster mit weniger als 400 Ordensleuten. Die Mönche und Nonnen suchen im Schweigen und täglich vielstündigen Gebeten nach Gott. Sie leben asketisch, (z.B. Holzöfen, kaltes Wasser, kein Frühstück) und benötigen für ihre 7-jährige Ausbildung zum Pater vor Klostereintritt das Abitur/Matura mit Lateinkenntnissen. Der Tagesablauf ist streng geregelt und sieht auch in der Nacht lange Gebetszeiten vor. Nur einmal wöchentlich gehen sie für 4 Std. gemeinsam spazieren. Der Prior der GRANDE CHARTREUSE, dem Mutterhaus, ist Ordensoberer und verlässt sein Kloster nie, auch nicht, um etwa zum Heiligen Stuhl nach Rom zu reisen. Das überträgt er einem anderen Mönch.

abseits der Strecke über Castañares. Die gotische Kirche hat einen wunderschönen Altaraufsatz. Sie sollten sie anschauen, sei es auf dem Weg nach Burgos oder als Halbtagsausflug. Das Kloster selbst oder gar die einzelnen Kartausen kann man nicht besichtigen. Falls das Wetter schlecht ist oder ihre Füße lädiert sind oder Sie einfach keine Lust haben, kilometerlang durch Vorstadtstraßen zu laufen, können Sie in Villafria werktags stündlich für wenige Cent einen Bus zur Stadtmitte nehmen (So + an Feiertagen nicht oder nur eingeschränkt). Gehen Sie in diesem Fall unmittelbar hinter der Eisenbahnbrücke rechts auf einem Trampelpfad hinunter zur Kirche (Bus-Endstation, UTM 449195 / 4690820). Oder Sie marschieren 6,5 km geradeaus, was Sie letztlich auch über Castañares müssen, dort sogar noch ein kleines Stück weiter.

Am „eigentlichen" Stadtrand von Burgos, also nach den Industrieansiedlungen, kommen Sie entlang der N-1 an einer alten Kirche (links) vorbei, die noch älter ist, als sie aussieht: Die Iglesia de San Lesmes (14. Jh.). Danach gehen Sie mehr oder weniger geradeaus bis in die Innenstadt. Sie können die Kathedrale nicht verfehlen, so dass es wenig Sinn macht, einzelne Straßennamen aufzuführen. Gehen Sie von der San Lesmes-Kirche schräg rechts in die Calle de San Juan und vorschlagsweise etwas später links in die Calle Fernán Gonzales oder in eine andere links gelegene

KOMPASS INFO

Abenteuer: Wiederholt zeigen Jakobswegweiser hinter dem Matagrande nach links in das Tal. Zeigen Sie Mut und bleiben für den kürzeren und einsam-schönen Weg oben und mehr oder weniger auf Geradeauskurs. Erst spät geht man links nach Orbaneja (UTM 452256 / 4691055).

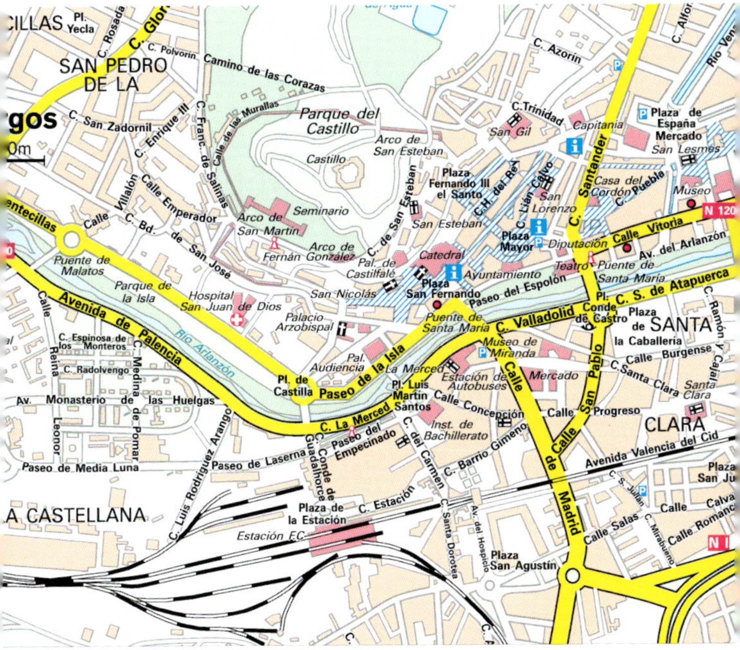

KOMPASS INFO

Burgos wurde Mitte des 9. Jh. gegründet und ist eine alte Königsstadt. Sie ist heute eine außerordentlich lebendige Industrie- und Handelsmetropole, Provinzhauptstadt mit ca. 170.000 Ew. und vielen herrlichen Bauwerken aus den verschiedensten Jahrhunderten. Berühmt ist die gotische Kathedrale (13. Jh.), für die man sich unbedingt 2–3 Std. Zeit nehmen sollte. Pilger erhalten bei Vorlage des Credencials ermäßigten Eintritt. Aber auch das zu Ehren Kaiser Karls V. erbaute Marientor und das Zisterzienserinnen-Kloster Sta. Maria la Real de Las Huelgas (1187), Begräbnisstätte vieler Könige, sind ein „Muss" für den Besucher von Burgos ebenso wie die Iglesia San Nicolás mit ihrem spätgotischen Hochaltar (mehr als 450 Figuren). Es ist empfehlenswert, sich bei einer der Touristinformationen in der City Material über die Stadt und ihre Schätze zu besorgen und bei dieser Gelegenheit nach günstigen Unterkünften zu fragen. Die neue städt. Albergue mit 170 Plätzen liegt in der Calle Fernán González 28, eine Privatalbergue (18 Plätze) in der Calle Laín Calvo 10. In der Altstadt sieht man viele Miradores (verglaste Balkone), große und kleine Plätze, enge Gassen, alte Häuser und ein pulsierendes Wirtschaftsleben. Genießen Sie es, auf einem der Plätze in der Sonne zu sitzen und einen Kaffee oder ein Eis oder beides zu sich zu nehmen. Burgos ist einen Full-Stop wert.

Querstraße oder am Fluss entlang zur Plaza Mayor und zur Kathedrale.

Der Weg über Castañares

Die weißen Gebäude nach der Autobahnbrücke umrundet man im Uhrzeigersinn und wandert dann auf breiter Feldstraße (nach Regen stellenweise in schlechtem Zustand; man geht dann besser über Villafria) mehr oder weniger parallel zur Autobahn, die sich ein paar hundert Meter vom Camino entfernt. Was Sie nicht ahnen und zunächst auch nicht sehen können: Rechts von Ihnen liegt der nagelneue Flughafen von Burgos-Villafria. Spazieren Sie nun immer am Zaun entlang. In Castañares biegen Sie rechts ab, unterqueren die Autobahn und kreuzen 500 m weiter die N-120 (UTM 446951 / 4688258). Vorsicht, das ist, als ob Sie in Deutschland oder Österreich oder der Schweiz über eine Autobahn laufen. Lohn der Angst: Sie entfernen sich ein wenig von der Nationalstraße. Gehen Sie nun immer geradeaus (Calle Mayor), unterqueren später einen Bahndamm und kommen letzten Endes an den Rio Arlanzón, dem Sie ziemlich lange folgen, bis Sie die Innenstadt erreicht haben. Die Karthause Miraflores liegt nicht am Jakobsweg. Sie müssten auf die südliche Flussseite wechseln und dann durch einen Park ein ganzes Stück zurücklaufen. Ein geführter Besuch aus der Stadt (Tourist-Info) wäre vielleicht praktischer.

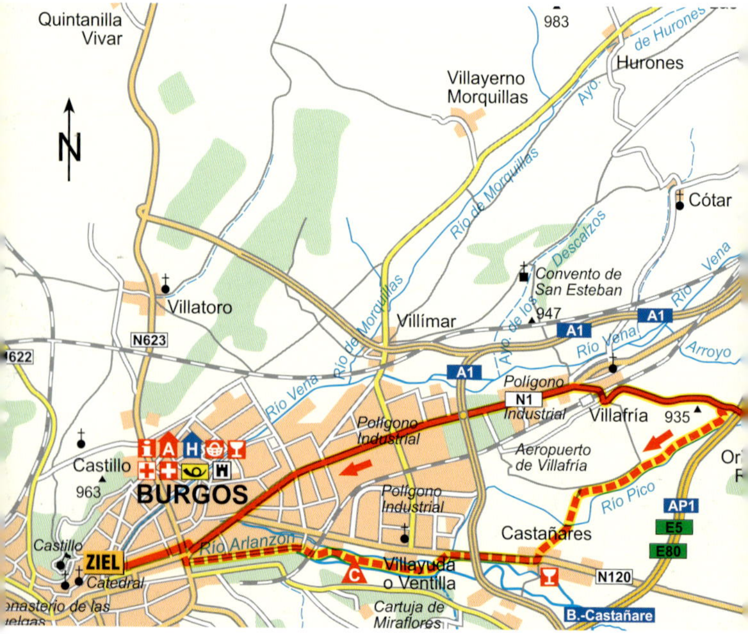

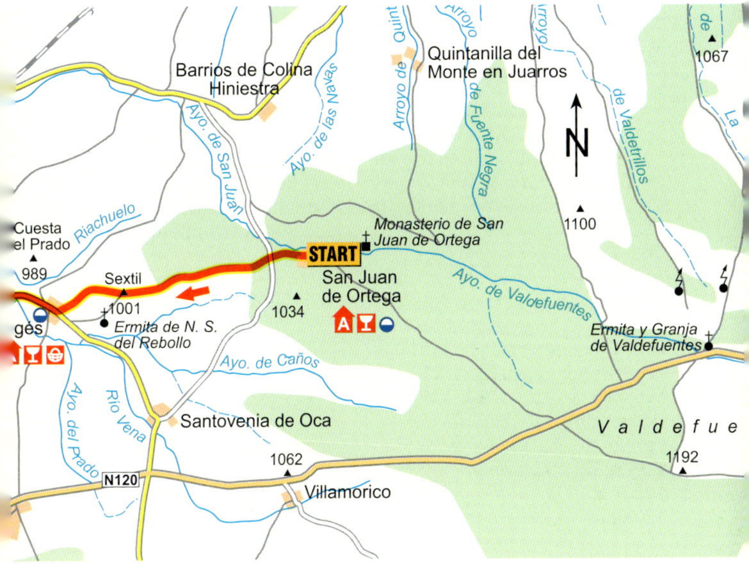
Barrios de Colina
Hiniestra
Quintanilla del
Monte en Juarros
Ayo. de San Juan
Ayo. de las Navas
Arroyo de Quint
de Fuente Negra
de Valdetrillos
1067
1100
Cuesta
el Prado
Riachuelo
989
Sextil
1001
START
Monasterio de San
Juan de Ortega
San Juan
de Ortega
1034
Ayo. de Valdefuentes
Ermita de N. S.
del Rebollo
Ermita y Granja
de Valdefuentes
Ayo. de Caños
Ayo. del Prado
Río Vena
Santovenia de Oca
Valdefue
1062
1192
N120
Villamorico

Quintanapalla
Ayo. de Buena
986
AP1
E5
E80
N1
Olmos de
Atapuerca
Rubena
Villafría/Rubena
1082
Matagrande
Atapuerca
Cuesta
del Prado
Riachuelo
989
Sextil
1001
Río Vena
Villalval
975
Agés
Ayo. del Valle
Ermita
Cardeñuela
Riopico
Quintilla
Riopico
966
Río Pico
1079
San Vicente
Ayo. del Prado
N120

16. Tag: Burgos – Hontanas

Lange Staubstraßen und weite Felder

Ausgangspunkt: Burgos | **Charakter:** Problemlos, nur eine größere Steigung, aber weit! | **Unterkunft/Einkehr: Villalbilla de Burgos:** Albergue, Tienda, Apotheke; **Tardajos:** 2 Albergues, Bar, Tienda, Bäcker, Apotheke; **Rabé de la Calzadas:** Albergue, Bar; **Hornillos del Camino:** Albergue, Bar, Tienda, Hostal; **Sambol:** Albergue (sehr einfach, keine Sanitäranlagen); **Hontanas:** 3 Albergues, Hotel, Bars

Mittelschwer | 29 km | 8 Std.

Vom Platz vor der Kathedrale in Burgos geht man schräg links die Treppen hinauf, überquert die Plaza Santa María hinauf zur Iglesia San Nicolás (15. Jh., schöner Hauptaltar) und hält sich dann links (Calle Fernan Gonzalez). 200 m weiter steht ein altes Stadttor. Wenig später kommt man an ein Stück alter Stadtmauer und den Arco de San Martín (13. Jh.). Genau hier verließen die Pilger jahrhundertelang Burgos. Hinter dem Tor geht man die Treppen links hinunter und weiter in die Calle Emperador. Abermals 200 m weiter biegt man links ab in die Calle Villalon und überquert den Markierungen folgend die Brücke über den Rio Arlanzón (UTM 440912 / 4687843)

Der Marktplatz von Burgos.

Von der Brücke geht man entweder die Nationalstraße rechts oder auf der anderen Seite durch eine Bruchsteinmauer in einen weitläufigen Park. An seinem Ende kommt man an die früher königlichen Gebäude – heute Universität – sowie an die Ermita San Amaro, die alte Herberge früherer Jahrhunderte. Hier geht man rechts, 30 m weiter links und dann unter der Eisenbahn hindurch.

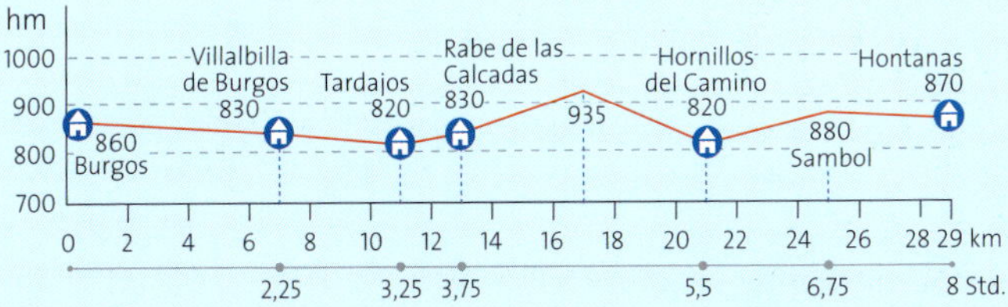

In einer leichten Linkskurve mit Bushaltestelle und Fußgängerampel (Wegweiser „La Milanera") geht man schräg rechts entlang einer Häuserreihe mit roten Backsteinen. An einem Verkehrskreisel ca. 3 km weiter biegt man (links voraus liegt Villalbilla de Burgos) rechts und sofort hinter der Flussbrücke links ab.

Wenn Sie eine Eisenbahnstrecke unterquert haben, kommen Sie nach einer Weile auf eine Brücke mit blauem Geländer und gehen unmittelbar dahinter links. Schließlich kommen Sie nach Tardajos (UTM 432708/4688981). Man geht schräg links in die Calle del Mediodia und an der nächsten Querstraße rechts-links. Es ist empfehlenswert, sich mit Lebensmitteln einzudecken, da für eine längere Strecke kein Laden mehr zu finden ist. Trinkwasser gibt es gelegentlich.

Sie verlassen den Ort auf der Landstraße nach Rabé de las Calzadas. Dort biegen Sie kurz vor einem Stoppschild rechts ab und vor der Friedhofskapelle am Ortende abermals schräg rechts. Wir sind allmählich am Beginn der Meseta, der weiten spanischen Hochfläche mit ihren sanften Hügeln und endlosen Getreidefeldern.

Nach 15 km Wanderung wartet eine kleine Überraschung auf Sie: bei UTM 428760/4687998 steht ein hölzerner Wegweiser „Fuente de Praotorre". Dort gibt es an einem netten Grillplatz mit einer Schwengelpumpe herrlich frisches Brunnenwasser.

Die größte Höhe (935 m) erreichen Sie 2 km später (Cuesta Mata-

Klosterruine San Anton, wo die Pilger Brot und Wein erhielten.

KOMPASS INFO

Sambol ist eine der urigen Albergues auf dem Camino. Das Häuschen, ein Stück links des Weges, hat weder Strom noch Wasser noch sanitäre Einrichtungen. Wasser gibt es an einer Quelle oder aus Flaschen, die Toiletten sind „überall" (dieser Mangel soll behoben werden). Aber Sie werden sehr herzlich eingeladen und bekommen einen Kaffee oder Tee, auch ein Sandwich, und wenn gerade gekocht wird, gibt es auch kostenlos etwas Warmes. Eine kleine Spende wird natürlich nicht abgelehnt. Wie gesagt: urig und mit acht Schlafplätzen.

Albergue Sambol.

Hontanas – Ein Dorf erwacht aus dem Dornröschenschlaf
Hontanas, ein Dorf, in dem sich die Pilger wohlfühlen können, schien zum Aussterben verurteilt. Die Landflucht ließ viele Häuser veröden, und auch gegenwärtig ist noch manches der Gebäude unbewohnt. Es regt sich jedoch etwas: Ein kleines Hotel an der gotischen Kirche, eine sehr lebendige Bar, drei Albergues und am Ortsende eine weitere Bar mit einem ansehnlichen Schwimmbad im gepflegten Garten. Herz, was willst Du mehr?

Hontanas

muros). Es folgt ein steiles Gefälle, und man kommt in das Tal des Rio Hormazuela. Der Ort voraus ist Hornillos del Camino (gotische Kirche).

In Hornillos geht man hinter einer Fahrzeugwaage schräg rechts. Nach einer kleinen Weile zweigt ein Feldweg vor einer 3-poligen Stromleitung nach links von der Schotterstraße ab. Sie steigen weiter. An einem Jakobs-Wegekreuz haben Sie eine Höhe von 940 m erreicht. Dann beginnt der Abstieg nach Sambol. Vom Abzweig Sambol (UTM 418407 / 4686454) gehen Sie geradeaus weiter und überqueren auf der Höhe eine Landstraße. Etwa 4 km weiter kommen Sie nach Hontanas, das Sie erst sehen, wenn Sie fast dort sind. Spätestens hier soll es für heute nach rund 29 km seit Kathedrale genug sein.

Ein einsamer Pilger an einem einsamen Gemäuer hinter Hontanas.

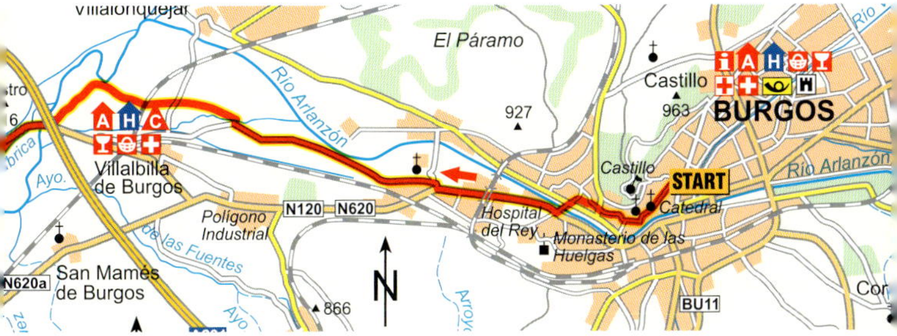

17. Tag: Hontanas – Boadillo del Camino

Im Land der unendlichen Getreidefelder

Ausgangspunkt: Hontanas | **Charakter:** Schwer, es ist sehr weit und mit zwei nennenswerten Steigungen | **Unterkunft/Einkehr: San Antón:** Albergue (einfach); **Castrogeriz:** 4 Albergues, 2 Hostals, 3 Hotels, Bars, Tienda, Apotheke, Erste Hilfe; **San Cristóbal:** Albergue; **Itero del Castillo** (etwas abseits): Albergue, Bar; **Itero de la Vega:** 2 Albergues, Hostal, Bar; **Boadilla del Camino:** 3 Albergues, Hostal, Tienda

Schwer | 28 km | 8 Std.

Hontanas (Kirche 14. Jh.) verlassen Sie nach Westen, stoßen auf die Landstraße, folgen ihr ein kleines Stück links und gehen dann auf einen parallelen Weg rechts. Bei länger anhaltendem Regen sollte man auf der Landstraße bleiben, da sich der eigentlich hübsche Weg am Hang entlang in tiefgründigen Morast verwandeln kann.

5,5 km hinter Hontanas kommt man an die Ruinen von San Antón (15. Jh.). Die Straße führt mitten durch die einstmals gewaltige Kirche. Rechts im Gemäuer sind zwei Luken eingelassen, in die die Mönche in alten Zeiten Brot und Wein

KOMPASS INFO

Castrogeriz war seit dem frühen Mittelalter eine bedeutende Pilgerstation und hatte in seinen Glanzzeiten vier prächtige Kirchen und ebenso viele Pilgerhospitäler. Noch heute gibt es 4 Albergues in dem lang gestreckten Straßendorf. Die gewaltige Burg auf dem Bergkegel gab dem Ort seinen Namen: Castrum Sigerici, „Burg des Sigerich“. Die zum Teil sehr alten Arkaden und Häuser im Stadtkern sind ansehenswert.

Burgruine Castrogeriz (10. Jh.).

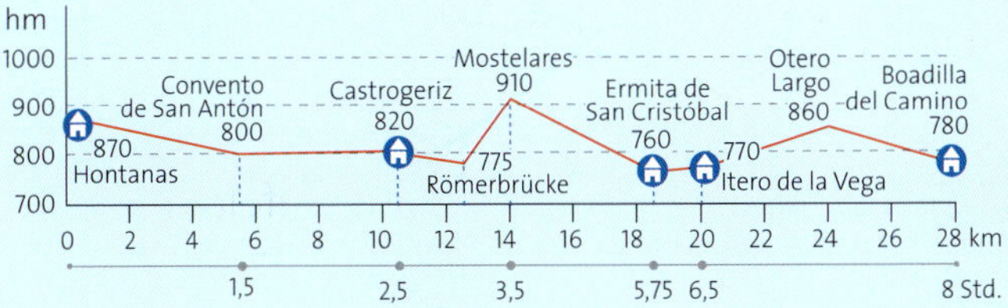

für die Pilger stellten. Beachten Sie den reichen Figurenschmuck der linken Seite.

Nun gehen Sie schnurgerade auf die malerisch auf einer Bergspitze gelegene Burg (10. Jh.) von Castrogeriz zu. Castrogeriz ist neben Burgos und León einer jener Orte, die man nicht vergisst. Vor der alten Pilgerstadt kommen Sie nach El Manzano mit seiner wunderschönen Klosteranlage Santa María del Manzano (13. Jh., UTM 407012 / 4682868). Kurz darauf erreichen Sie Castrogeriz (UTM am Hauptplatz 406014 / 4682421). Vom Ortsausgang sehen Sie in einem Berghang einen nach oben verlaufenden Weg: Das ist Ihr Weg in die

Santa Maria del Manzano vor Castrogeriz.

Meseta. Im Flusstal des Rio Odrilla hat man eine alte Römerbrücke gefunden und wieder in Stand gesetzt. Sie können sie gut fotografieren, wenn Sie den breiten Fahrweg links nehmen; es ist allerdings auch erlaubt, auf dem Römerweg zu laufen.

Nach der Brücke über den Fluss kommt die einzige „wirkliche" Steigung des Tages. Sie müssen hinauf zu dem Denkmal auf dem Alto de Mostelares in 900 m Höhe (UTM 402771/4682629). Von dort (Rastplatz) haben Sie einen grandiosen Rundblick. Bei UTM 398888/4682000 kommt man an die Fuente del Piojo. Trinken Sie nicht aus der Viehtränke, sondern 2 m weiter um die Ecke aus einem Wasserrohr, aus dem köstlich frisches Wasser fließt. Nach einer kleinen Weile knickt der Jakobsweg, gut markiert, ein wenig links von der Landstraße ab (UTM 398028 / 4681787) und führt zur Ermita de San Cristóbal, um kurz darauf die Brücke des Rio Pisuerga (UTM 397262/4681609) zu überqueren. Unmittelbar am Ende der ansehenswerten mittelalterlichen Brücke betritt man die Provinz Palencia und biegt an einem kleinen Rastplatz schräg rechts ab auf eine Schotterstraße. Daneben strömt, wunderschön an beiden Ufern bewachsen, der Fluss.

„Radfahrer-Panne am Camino".

Der nächste Ort heißt Itero de la Vega. Sie sind jetzt ungefähr 20 km gelaufen und müssen entscheiden, ob Sie noch 8 km zur nächsten Albergue in Boadilla del Camino weitergehen wollen. In diesem Fall halten Sie sich nach Südwesten, kreuzen eine schnurgerade Landstraße (UTM 395782 / 4682261) und wandern fortan erst bergauf zum Pass Otero Largo und danach bequem bergab nach Boadilla. Hier gibt es links eine kleine

Gotische Gerichtssäule in Boadilla.

Gemeindeherberge sowie ein Stück weiter im Ort eine neuere, größere Albergue mit Bar, Abendessen und Frühstück ab 6.00 Uhr.

KOMPASS INFO

Alto de Mostelares
Von der Passhöhe aus versteht man die eigenartige Form einer ganzen Region. Die Berge am Horizont sind völlig eben, beinahe wie mit einem Messer horizontal abgeschnitten. Dazwischen liegen weite vielleicht 100 bis 150 m tiefe Talniederungen, die Flüsse und Regen über hunderttausende von Jahren ausgeformt haben.

(Tienda im Ort). Die in ihren Ursprüngen romanische Kirche, erneuert im 16. Jh. und davor eine gotische Gerichtssäule (Pranger, 15. Jh., UTM 388914 / 4679352) sind ansehenswert.

18. Tag: Boadilla del Camino – Carrión de los Condes

Durch die Tierra de Campos

Ausgangspunkt: Boadilla del Camino | **Charakter:** Einfach, jedoch lang | **Unterkunft/Einkehr: Frómista:** 2 Albergues, Bars, Hotel, Hostals, Campingplatz, Tienda, Apotheke, Läden, Erste Hilfe, Fahrradwerkstatt; **Población de Campos:** Albergue, Hostals, Bars, Tienda; **Villarmentero de Campos:** Albergue, Bar; **Villalcázar de Sirga:** Albergue, Hostals, Tienda; **Carrión de los Condes:** 3 Albergues, Hotel***, Hostals, Bars, Restaurants, Apotheke, Läden, Post

Mittelschwer | 26 km | 7,5 Std.

Aus der Albergue in Boadilla geht man zur Kirche, hält sich dort rechts, schwenkt links zur Plaza Mayor und dann in die Calle Mayor. Nach den beiden letzten Anwesen des Ortes (UTM 388557 / 4679863) biegt man links ab. In den Feldern teilt sich nach knapp 2 Kilometer der Weg. Gehen Sie rechts eine Winzigkeit nach oben: Sie stehen nun neben dem breiten, früher einmal schiffbaren Canal de Castilla (UTM 387887/ 4679367).

KOMPASS INFO

Canal de Castilla
Der schnell fließende, schiffbare Kanal wurde bereits Mitte des 18. Jh. begonnen und war lange Zeit Wasserweg für den Getreidetransport. Er ist über 200 km lang, dient heute jedoch nur noch der Bewässerung.

Frómista
In der Stadt steht die Iglesia San Martín (Benediktinerkirche, 1066), eine der vier großen romanischen Kirchen des Camino (siehe Jaca, León und Santiago). Frómista existierte schon zur Zeit der Kelten und Westgoten, wurde dann jedoch durch die Mauren völlig zerstört. Die Königin von Navarra gründete 1066 ein Benediktinerkloster, und bald entwickelte sich die Stadt zu einem Hauptort des Camino. 1190 wurde hier der Hl. Telmo, Schutzpatronen der Seefahrer, geboren, nach dem das St. Elmsfeuer benannt ist.

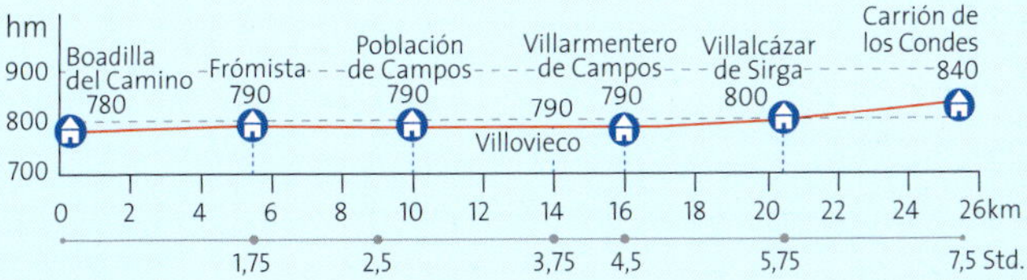

Gehen Sie nun eine ganze Weile auf dem zweihundertjährigen Damm. Die Felder liegen viel tiefer. Nach 3 km kommen Sie an eine Schleuse, die Sie überqueren und nach Frómista hineingehen. An der ersten Straßengabel geht man links durch die Bahnunterführung und nach der großen Kreuzung an der unübersehbaren Touristinformation schräg links. Am Ortsausgang überqueren Sie auf einer Brücke die N-611 sowie anschließend die A-67 und gehen nun neben der P-980 bis Población de Campos.

KOMPASS INFO

Die **Tierra de Campos** ist eine weite, flache Hochebene, in der man unendlich große Getreidefelder findet, deren Wogen im Wind hübsch anzusehen ist. Viele Ortschaften tragen den Namenszusatz „de Campos“.

Unmittelbar vor Población steht links die Ermita de San Miguel (13. Jh.). Der Camino biegt schräg rechts ab. Am Ortsende finden Sie

Garten der Albergue in Boadilla.

auch die romanische Kapelle Virgen del Soccoro. Bei UTM 380480/4680683 kann man entweder links die P-980 weiter marschieren oder rechts (schöner) den Weg nach Villovieco (Wasser, Bar) nehmen. Biegen Sie in Población vor einer großen weißen Halle mit grauem Tor links ab. In Villovieco überqueren Sie die Brücke über den Rio Ucieza (UTM 377734/4683471) und gehen rechts an dem malerischen

KOMPASS INFO

Carrión de los Condes
Diese Stadt ist einen Stopp wert. Im 11. Jh. wurde das auch heute noch gewaltig aussehende Kloster San Zoilo begründet (umgebaut 16. Jh.), in dem jetzt ein edles Hotel untergebracht ist. Allerdings findet man nur noch wenige romanische Elemente. Außerdem gibt es eine Reihe anderer sehr alter Bauten, zum Beispiel das Kloster Santa Clara (13. Jh.), die Kirche Santa María del Camino (12. Jh.) oder die Iglesia de Santiago (12. Jh.) u.a. Die romanische Fassade von Santa María mit wunderschönen Figuren hat glücklicherweise die Wirren der französischen Revolution überstanden. Carrión war im Mittelalter eine bedeutende Stadt, in der die Pilger viele Hospitäler und überhaupt alles fanden, was sie benötigten (so wie heute!).

Santa María la Blanca
in Villalcazar de Sirga. Die große Tempelritter-Kirche aus der Übergangszeit Romanik/Gotik ist eine 3-schiffige Hallenkirche mit Kreuzrippengewölben und einem wunderschönen Hochaltar (15. Jh.), in dessen Zentrum Maria mit dem Gottessohn auf dem Schoß thront, darüber der gekreuzigte Christus. Der Altar und die Seitenaltäre sind über und über mit gotischen Gemälden geschmückt. Die steinerne Kanzel stammt aus der Anfangszeit des Gotteshauses. Im Querschiff befinden sich drei königliche Sarkophage. Die Kirche ist nur mittags geöffnet.

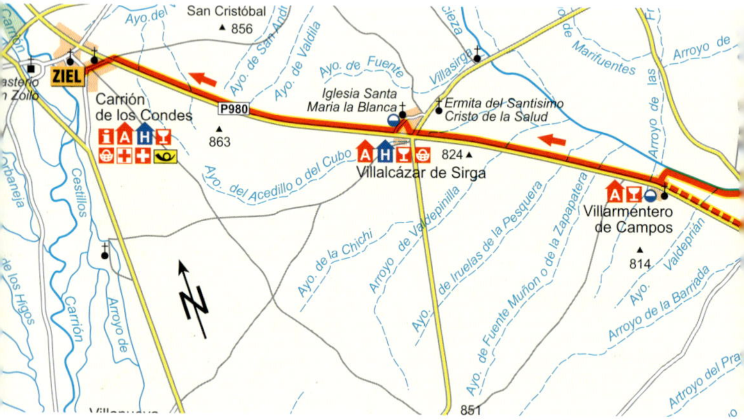

0 1200 m

Fluss entlang. An der nächsten Brücke (UTM 376621/4684153) biegen Sie links ab nach Villarmentero de Campos (Albergue, Bar, Wasser). Dort gehen Sie rechts auf die P 980.

Im nächsten Ort Villalcázar de Sirga steht die schöne romanische Iglesia Santa María la Blanca aus der Zeit der Tempelritter, die einen sehr wehrhaften Eindruck macht. Es lohnt sich, ihretwegen die Durchgangsstraße zu verlassen und in den Ort hinein zu gehen.

Nun folgen noch 5,5 km entlang der schnurgeraden P-980 ohne Baum und Strauch bis Carrión de los Condes, das Sie erst zu Gesicht bekommen, wenn Sie schon fast dort sind. Dort endet die heutige Etappe, nachdem man am Ortseingang schräg links und dann immer geradeaus bis zur Stadtmitte gegangen ist.

Nachmittags ist man froh, solches Schild gefunden zu haben

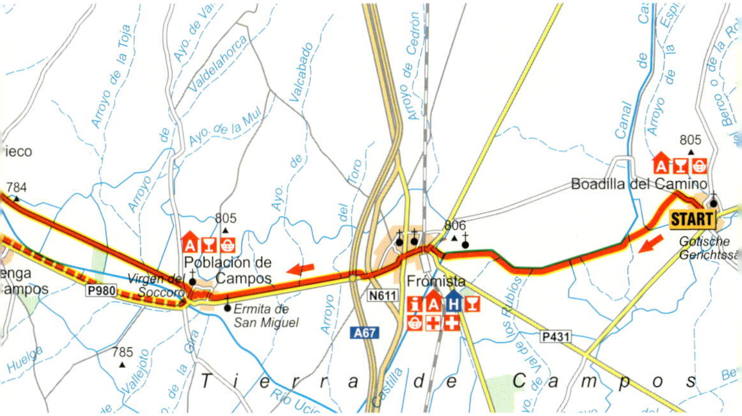

19. Tag: Carrión de los Condes – Ledigos

Auf einer Straße der alten Römer, der Via Aquitana

Ausgangspunkt: Carrión de los Condes | **Charakter:** Einfach, aber wenig Wasser und kaum Schatten | **Unterkunft/Einkehr: Calzadilla de la Cueza:** Albergue, Hostal, Bar; **Ledigos**: Albergue, Bar

Leicht | 24 km | 7 Std.

Knapp die Hälfte des Camino nach Santiago ist geschafft.

In Carrión de los Condes gehen Sie von der Iglesia Santa María die Hauptstraße geradeaus zu dem großen Rathaus an der Plaza Mayor und biegen vom Platz rechts in die Calle Jose-A. Ciron (Wegweiser: Monasterio de San Zoilo) ab. Ein Stück weiter findet man die Post und geht dann über die Brücke des Rio Carrión zu dem ehem. Benediktiner-Kloster San Zoilo (Hotel). Nehmen Sie genügend Wasser für die vor Ihnen liegende Strecke mit. Sie kommen an einen großen Verkehrskreisel und gehen auf der gegenüberliegenden Seite geradeaus weiter. Nun marschieren Sie 16 km immer geradeaus wie früher die römischen Legionäre: Sie befinden sich ein paar Kilometer weiter auf der Via Aquitana nach Calzadilla de la Cueza.

4,5 km hinter Carrión kommen Sie an einem Gebäude der früheren Abadia de Nostra Señora de Benevivere, einer mittelalterlichen Franziskanerabtei (die Ruinen liegen

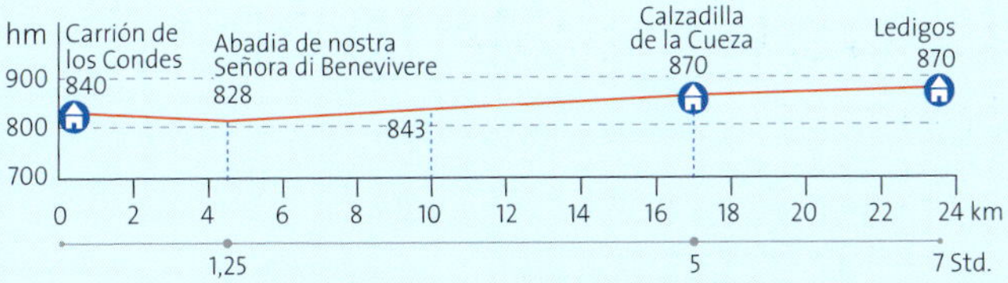

etwa 800 m nordwestlich) mit früher großem Pilgerhospital vorbei und kreuzen dann einen Fluss. Nach 10 km seit Carrión steht mitten in den Feldern rechts am Wege eine kleine Bar. Ungefähr 3 km

Rio Cueza bei Calzadilla.

KOMPASS INFO

Die Cañadas Reales sind alte, sehr breite Viehtrieb-Wege, die ganz Spanien durchziehen. Auf ihnen wurden – zum kleinen Teil noch heute – Viehherden von einem Teil des Landes in einen anderen getrieben, um der glühenden Sonne zu entgehen und bessere Weiden zu finden. Heute sind sie ökologisch wertvoll, weil sie mit wilden Pflanzen bewachsen sind und nicht zu Ackerland umgewandelt wurden.

weiter am kleinen Rio Sequillo kreuzt eine der berühmten Cañadas Reales unseren Weg (UTM 355892 / 4688275). Ein Stück weiter kommen Sie nach Calzadilla de la Cueza. Rechts, ein wenig außerhalb am Friedhof, ein alter Glockenturm, den man schon kilometerweit vorher gesehen hat. Am Ortseingang gibt es eine Wasserstelle. Im Dorf biegt man in die Calle Eleuterio Velasco links ein und geht dann rechts (Bar, Zimmer). Von dort gehen Sie wieder rechts – links; Sie hätten genauso gut auf der Hauptstraße bleiben können.

Nach Calzadilla de la Cueza müssen Sie sich für einen von mehreren Wegen entscheiden. Zunächst kommen Sie auf die wohlbekannte N-120. Sie überqueren den Rio Cueza. Der nur wenig kürzere Weg nach Ledigos führt entlang der Nationalstraße, der schönere verläuft etwas links abseits. Er ist wirklich entschieden schöner! Es gibt Büsche, Felder und Wald, und wahrscheinlich sind Sie für eine Weile allein. Das erste, was man von Ledigos sieht, ist ein weiß gestrichenes Gebäude mit großer Schrift „Albergue". Kurz vor dem Ort biegt man von der N-120 schräg rechts ab. Sie sind jetzt knapp 24 km gelaufen und müssen entscheiden, ob Sie noch weiter wandern wollen.

Frühstück im Schatten: herrlich für die Pilger in Calzadilla de la Cueza.

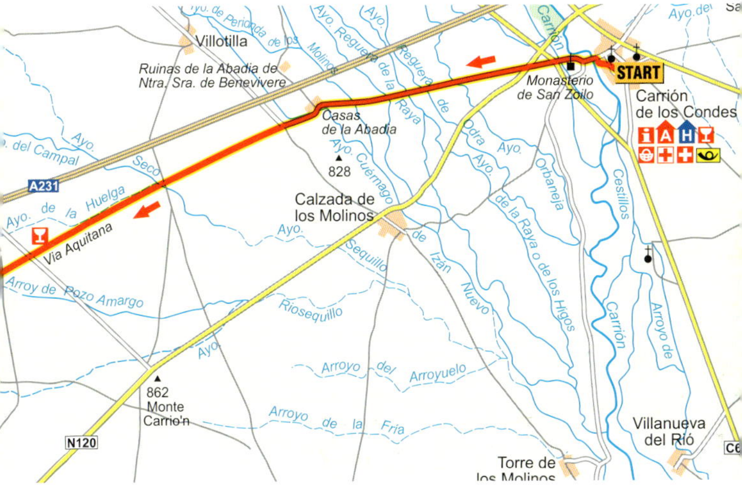

20. Tag: Ledigos – Sahagún

Im Land der Adobe-Bauweise

Ausgangspunkt: Ledigos | **Charakter:** Einfach | **Unterkunft/Einkehr: Terradillos de los Templarios:** 2 Albergues, Bar, Tienda; **San Nicolás del Real Camino:** Albergue, Bars; **Sahagún:** 3 Albergues, Bars, Hotels, Hostals, alle Läden

Leicht | 17 km | 4 Std.

Aus Ledigos (Iglesia de Santiago 16. Jh.) heraus folgt man den gelben Pfeilen, kommt an einer Sportstätte vorbei und kreuzt die N-120, die wegen der neuen Autobahn kaum noch befahren ist. Sie wirkt stellenweise wie eine Landstraße dritter Ordnung. Ein paar hundert Meter weiter kommen Sie zur Autobahn A 231 Burgos – León und nach Terradillos de los Templarios (2 empfehlenswerte Albergues, Bar, Tienda). Dort biegen Sie am Ortseingang nach links und an der Kirche vorbei abermals schräg links ab (Calle la Iglesia).

Orientieren Sie sich jetzt wieder an den gelben Pfeilen links in einen Feldweg und folgen anschließend der Landstraße nach links. Nach deren nächster Linkskurve etwa 400 m weiter biegt der Camino rechts von der P-905 ab.

Virgen del Puente mit seiner mittelalterlichen Brücke (12. Jh.).

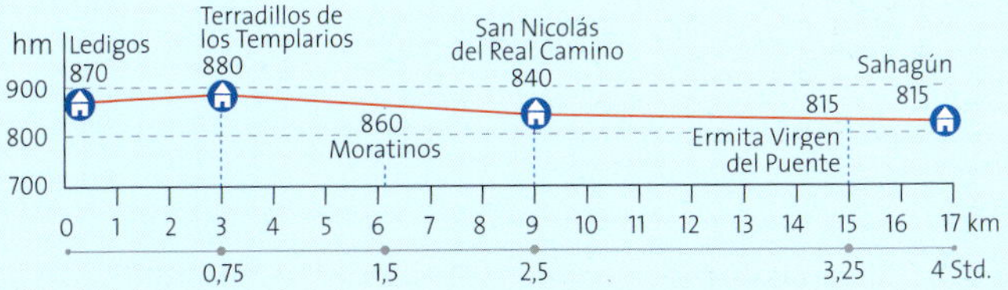

Der nächste verschlafene Ort heißt Moratinos. Wir sind jetzt schon eine ganze Weile im Land der Adobe-Bauweise, die man hier gut studieren kann. In Moratinos (Wasser neben der Kirche) sieht man zwei, drei Schornsteine rechts des Caminos, die aus einem Erdhügel herausschauen. Bei näherem Hinsehen entdeckt man ein paar Erdhäuser, in einem davon sogar eine Bodega. Diese Art von höhlenartigen Bauwerken mögen vielleicht im Mittelalter aus Versteck-Gründen entstanden sein. Jedenfalls ist das Klima darin angenehm kühl in den heißen Sommern Spaniens. Ein Stück nach der Kirche biegt man links entlang einer 3-poligen Stromleitung ab und geht 50 m weiter rechts zu ein paar Pappeln. Nach ca. 2 km durch die Felder, vorbei an einem hohen Sendemast, kommen Sie nach San Nicolás del Real Camino. Entlang der Albergue und Bar kommen Sie zur N120, biegen aber vorher auf einen parallelen Weg ab. Sie können entweder der N-120 folgen oder ein Stück links von ihr nach Westen gehen. Dann erreichen Sie die Grenze zwischen Palencia und León (großer

Erdhäuser in Moratínos.

KOMPASS INFO

Sahagún war eine der wichtigsten Städte am Camino mit prächtigen Kirchen, Pilgerhospitälern und einem der größten Benediktinerklöster Spaniens, dem mehr als 60 andere Klöster und Abteien unterstanden. Die Iglesia San Tirso (12. Jh.), die Iglesia San Lorenzo (13. Jh.), die Klosterkirche Virgen Peregrina und andere historische Gebäude prägen die Stadt. König Alfons VI., der Sahagún zur damaligen Größe ausbaute, ruht in der Klosterkirche. Besonders ansehenswert ist die mudejare (maurische) Architektur der alten Gemäuer. Wahrscheinlich gab es hier schon zu Römerzeiten eine Siedlung. Das heutige Sahagún ist seit 872 urkundlich belegt. Die Brücke über den Rio Cea (1085) wird bis heute genutzt. Die mächtige Abtei allerdings ist zu großen Teilen nur noch eine Ruine, von deren Zerstörung man als Wanderer jedoch wenig bemerkt.

Grenzstein). Sie kreuzen die Nationalstraße entweder ein bisschen früher oder ein bisschen später je nach Ihrer persönlichen Entscheidung und kommen zu der Ermita Virgen del Puente (12.Jh.), zu der noch heute eine jährliche Wallfahrt stattfindet. Die mittelalterliche Brücke neben der Kirche („Jungfrau der Brücke") steht noch heute: Sie überqueren sie. Die – verschlossene – romanische Kirche ist aus Ziegeln gemauert und weist deutliche maurische Elemente auf. Ansehenswert!

Sahagún liegt vor Ihnen; der Weg durch die Felder und ein Industriegebiet muss nicht besonders beschrieben werden.

Von der kommunalen Herberge in der Stadtmitte (Calle Del Arco) geht man schräg links, den reichlich vorhandenen gelben Pfeilen folgend und kommt zu der (Benediktinerinnen-) Herberge Monasterio de Santa Cruz Benedictinas. Jedes Zimmer hat eine eigene Du-

Junge Pilgerin und alte Ermita Virgen del Puente.

sche/WC und ist blitzsauber. Hier übernachten Sie kostenlos, jedoch steht natürlich irgendwo ein kleiner Kasten, in den man etwas Geld hineinstecken kann (sollte!). Das Kloster muss in alten Zeiten riesig gewesen sein. In einer der drei Albergues oder in einem Hotel soll die heutige Etappe enden.

KOMPASS INFO

Die uralte Adobe-Bauweise verarbeitet handgemachte Lehmziegel, die an der Luft getrocknet werden. Steine als Baumaterial gibt es in der Gegend kaum. Da normalerweise relativ wenig Regen fällt, sind die Bauten zum Teil Jahrhunderte alt. Erst neuerdings verfallen sie, weil die Bewohner fortgezogen sind.

Sahagún: Romanische Brücke über den Rio Cea.

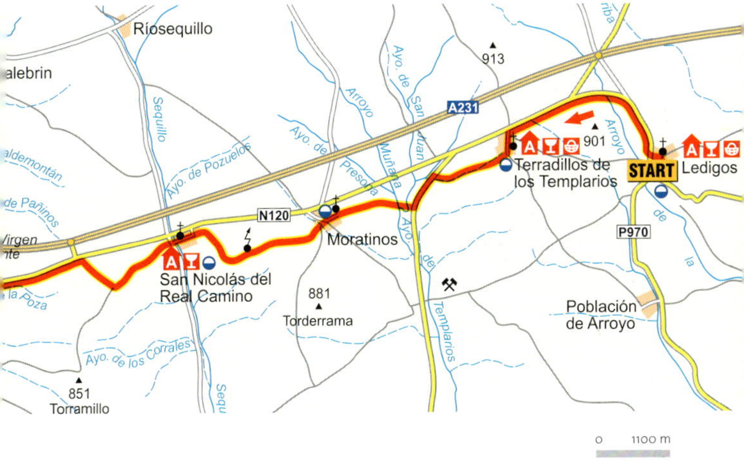

21. Tag: Sahagún – El Burgo Ranero / Sahagún – Calzadilla de los Hermanillos

Nicht so weit und fast immer auf Asphalt – oder lieber eine Römerstraße in schöner Heidelandschaft?

Ausgangspunkt: Sahagún | **Charakter:** Einfach; die Römervariante ist etwas länger | **Unterkunft/Einkehr: Calzada del Coto:** Albergue, Bar, Wasser; **Bercianos del Real Camino:** Albergue, Bar, Hostal, Tienda; **Calzadilla de los Hermanillos:** Albergue, Restaurant, Tienda; **El Burgo Ranero:** 2 Albergues, Hostal, Tienda, Apotheke

Leicht | 18 km | 5 Std.

Am Ende des Benediktinerinnen-Klosters biegt man rechts ab. Man gelangt zu einem prächtigen Torbogen (San Benito) und verlässt die Stadt über die Brücke des Rio Cea in Richtung Calzada del Co-

Torbogen San Benito in Sahagún.

Pilgerfigur vor der Albergue in Sahagún.

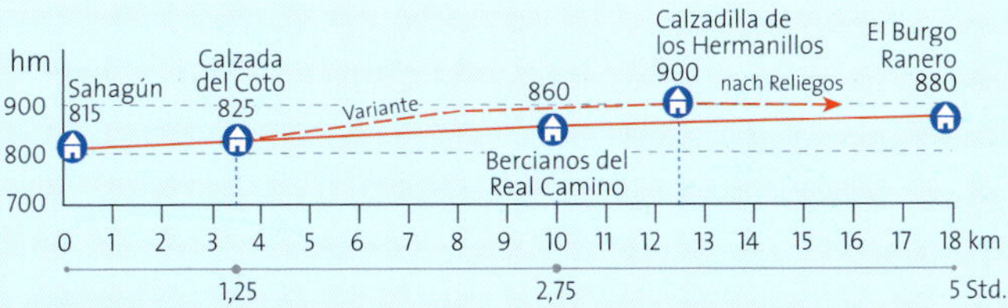

to. Außerhalb der Stadt gelangt man an einen großen Verkehrskreisel. Die Markierung ist schlecht, nämlich bei Redaktionsschluss so gut wie gar nicht vorhanden. Man behält die Richtung bei und trifft dann glücklicherweise wieder auf die zuverlässigen gelben Pfeile. Achtung! Sie müssen die N-120 vor dem Wegweiser zur Autobahn queren, um nach Calzada del Coto zu gelangen, falls Sie den schöneren Weg auf der alten Römerstraße „Via Traiana" gehen möchten.

Sie können jedoch auch geradeaus bleiben und den „Real Camino Francés" entlang der südlichen Seite der A-231 über Bercianos del Real Camino und El Burgo Ranero nehmen.

Original-Römerstraße.

KOMPASS INFO

Die alternative Strecke über die Via Traiana führt durch eine sehr schöne Heidelandschaft mit dichtem Baum- und Buschbestand, später durch Felder. Da man meistens mutterseelenallein ist, ist das bestimmt ein Weg so richtig nach dem Geschmack jung Verliebter.

In Bercianos del Real Camino gibt es eine Albergue in einem alten Bauernhaus, in dem die Schwalben in den Schlafräumen herumfliegen. Nach El Burgo Ranero gehen Sie daran rechts vorbei zum Ortsrand. Sie passieren einen mit vielen Pflanzen bewachsenen Weiher und biegen dann am Haus Nr. 56 nach links ab. Sie kommen auf die Asphaltstraße, auf der Sie den Ort hätte umgehen können. Bei dem 6,5 km entfernten El Burgo Ranero kommen Sie an eine Landstraße mit Mittellinie, die Sie überqueren und in den Ort hineingehen. Zur Albergue biegen Sie kurz hinter der Tienda rechts ab und folgen den gelben Pfeilen. In El Burgo Ranero endet die heutige

An der Via Traiana.

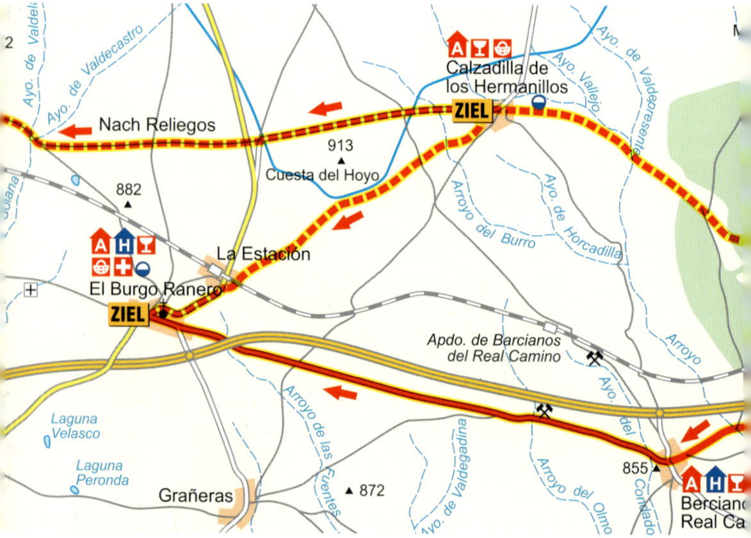

0 1000 m

Etappe, weil die nächste Albergue in Reliegos noch rund 12,5 km entfernt steht. Das wären dann rund 30 km Gesamtstrecke.

Variante

Wenn Sie statt der Landstraße die alte Römerstraße Via Traiana von Calzada del Coto via Calzadilla de los Hermanillos gewählt haben (kuschelige Albergue), sollten Sie ein wenig auf die Wegemarkierungen achten. Überqueren Sie zunächst die Autobahnbrücke.Im Prinzip verläuft die Strecke geradeaus, jedoch wird die Landschaft immer einsamer. Das ist einerseits für den Wanderer wunderschön, andererseits gibt es bis Calzadilla de los Hermanillos nirgendwo Wasser oder gar andere Getränke.

Bei Potré kommen Sie an eine Bahnlinie bleiben jedoch nördlich, also rechts von ihr. Fazit: aufpassen und Verpflegung mitnehmen! Übernachten können Sie entweder nach 13,5 km in Calzadilla de los Hermanillos oder im ca. 30 km von Sahagún entfernten Reliegos. Eine weitere Alternative ist, von Calzadilla de los Hermanillos links nach El Burgo Ranero zu wandern.

Gedenkkreuz für eine Pilgerin.

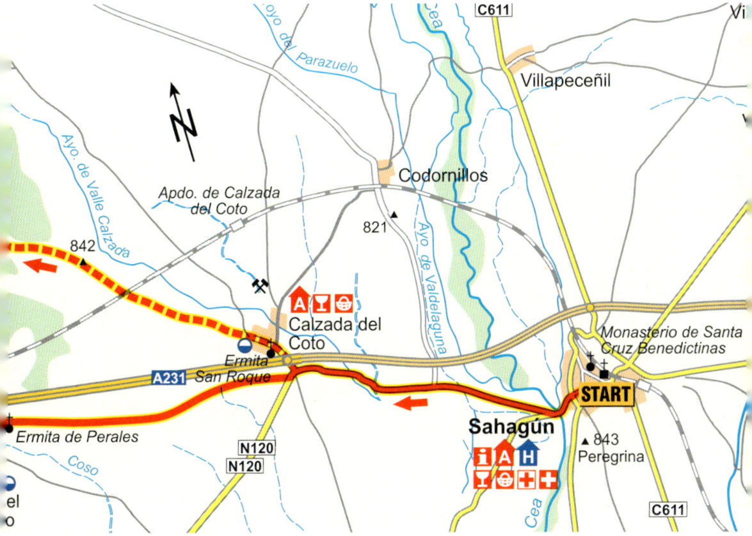

22. Tag: El Burgo Ranero – Mansilla de las Mulas

Endlose Getreidefelder und schnurgerade Straßen

Ausgangspunkt: El Burgo Ranero | **Charakter:** Leichte Wanderung durch flache Hügel mit weiten Getreidefeldern | **Unterkunft/ Einkehr: Reliegos:** Albergue, Bar, Tienda; **Mansilla de las Mulas:** Albergue, Bars, Hostal, Tienda, Apotheke, Erste Hilfe

Leicht | 19 km | 5 Std.

Von El Burgo Ranero verläuft die Straße nach Reliegos und Mansilla de las Mulas beinahe wie ein Lineal – nicht zu verfehlen. Von Zeit zu Zeit kommen jetzt an der Straße Bänke oder sogar der eine oder andere Rastplatz, leider immer ohne Wasserstelle. In der blauen Fer-

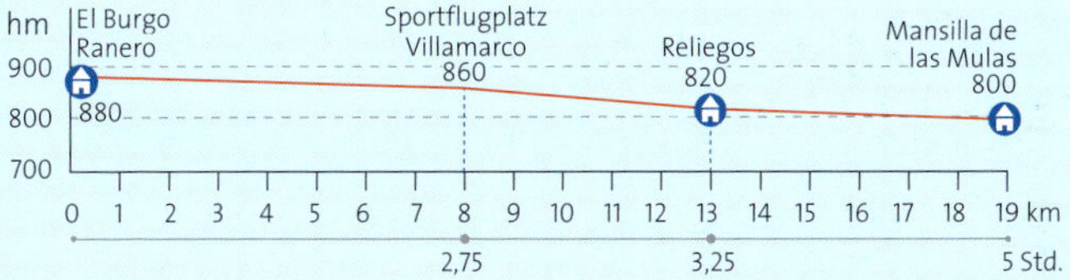

ne schräg rechts voraus ahnt man das Bergland von León, das Sie in zwei bis drei Tagen beglücken wird, wenn auch moderat. Nach ungefähr 7 km liegt 300 m links der moderne Sportflugplatz (hauptsächlich Ultraleichtflugzeuge) von Villamarco.

Sie unterqueren die Eisenbahnlinie, kommen bald darauf nach Reliegos und sehen schon in der Ferne Mansilla de las Mulas.

Achten Sie 100 m vor Reliegos auf den Hang rechts: Dort entdecken Sie wieder ein Erdhaus sowie links

Erdhäuser.

eine Adobe-Ruine, etwas später weitere Erdhäuser. Zur Albergue geht es an der nächsten Straßengabel schräg rechts. Von der Bar geht man links in die Calle Iglesia, wendet sich an der nächsten Gabel schräg rechts und dann, gut markiert, aus dem Ort hinaus. Eine 7-polige Stromleitung kreuzt unseren Weg, ehe wir an der mächtigen alten Stadtmauer von Mansilla de las Mulas

KOMPASS INFO

Mansilla de las Mulas war wie auch andere Plätze der Umgebung schon zu Römerzeiten, also vor 2000 Jahren, besiedelt. Die Via Traiana endete hier. Eine alte Stadtmauer (12. Jh.) mit Wehrtürmen umschließt den Ort, der im Mittelalter eine blühende Handels- und Pilgerstadt war (daher der Namensteil „de las Mulas") und ebenfalls schon im 12. Jh. Stadtrecht erhielt. Auf zwei mächtigen romanischen Kirchtürmen nisten viele Storchenpaare.

Ultraleichtflugzeuge, genannt „UL", sind seit einigen Jahren eine neue Flugzeugklasse. Sie dürfen nur 750 kg Gesamtgewicht (einschließlich Piloten) haben und sind daher konstruktiv sehr leicht gebaut. Trotzdem haben sie hohe Festigkeiten und gute Flugleistungen. Der Witz an der Geschichte: Sie unterliegen nur wesentlich vereinfachten und damit kostengünstigen Zulassungsbedingungen und dürfen mit ebenfalls außerordentlich simpel zu erwerbenden Lizenzen geflogen werden. Der Sicherheit tut das keinen Abbruch.

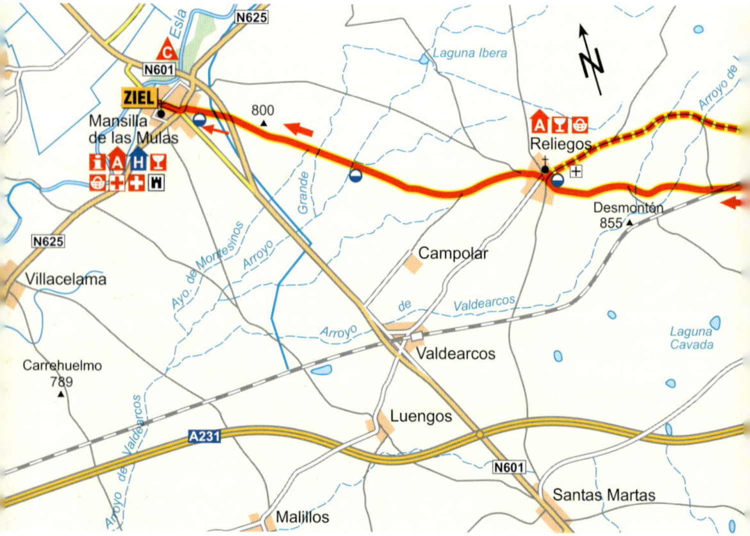

0 1100 m

angelangen und sofort hinter der Toranlage rechts und 20 m weiter links abbiegen. Wir schlagen ein Ende der heutigen Etappe vor. Die nächste Albergue liegt etwa 11 km weiter.

Herrlicher Camino.

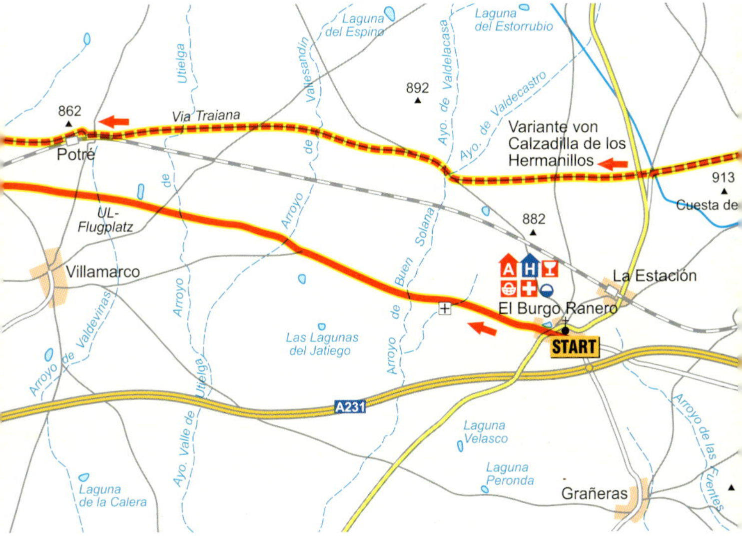

23. Tag: Mansilla de las Mulas – León

León, die berühmte Kathedralenstadt.

Ausgangspunkt: Mansilla de las Mulas | **Charakter:** Einfach
Unterkunft/Einkehr: Villarente: 2 Albergues, Hostals, Bars, Tiendas, Geldautomat; **Arcahueja:** Albergue, Bar, Wasser; **León:** 2 Albergues (Calle Campos Goticos u. Calle Cuesta Carbajalas =Benediktinerinnen-Kloster), Vielzahl von Hotels, Hostals, alle Einkaufsmöglichkeiten, Post, Krankenhaus, Tourist-Info: Plaza de la Regla 3, Tel. 987237082 (bei der Kathedrale)

Leicht | 19 km | 5 Std.

In Mansilla de las Mulas wenden Sie sich von der Herberge nach links und gehen zu der uralten Brücke über den Rio Esla (UTM 301157 / 4708297). An deren Ende biegt man sofort nach links ab. Sie wandern nun immer entlang der N-601, bis Sie den Rio Porma bei UTM

El Obispado (Bischofspalast) an der Plaza de Regla neben der Kathedrale.

León: Kathedrale.

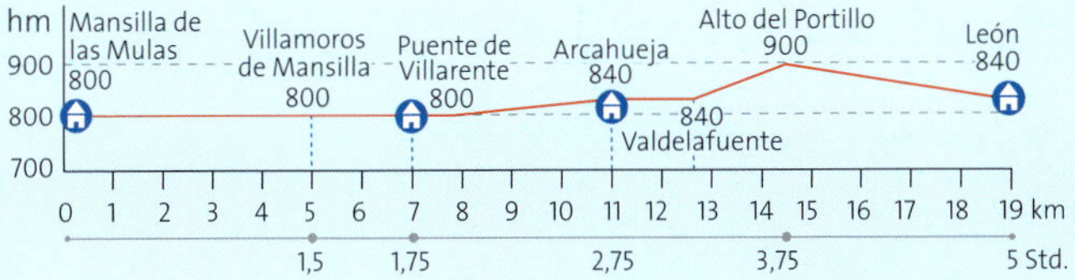

298729/4713031 (gefährliche Enge auf der Brücke) kreuzen und nach Villarente (Albergue: zweite Querstraße rechts nach der Brücke, dann links) kommen.

Bei den letzten Häusern von Villarente (UTM 297490/ 4713895) gehen Sie nach rechts in die Felder. Höchste Vorsicht ist geboten! Es kann sein, dass Sie hier minutenlang warten müssen, ehe die beiden Fahrbahnen frei sind. Warten Sie, anstatt mutig zu sein!

Die Ortschaft 3 km vor Ihnen auf einer Anhöhe ist Arcahueja. Das UTM lautet 295120/4715768. Abermals 1,5 km weiter kommen Sie nach Valdelafuente. Etwa 250 m nach einem Friedhof gehen Sie nach links hinüber zur N-601 in das Industriegebiet und halten sich dann entlang der Nationalstraße rechts.Folgen Sie dem Zaun und biegen dann nach der riesigen Verkehrsanlage schräg rechts auf den Berg hinauf bis zum Alto del Portillo ab. Nach dem Sende-

KOMPASS INFO

León ist eine Ableitung des lateinischen Wortes „Legion“, der 7. Legion Gemina, die hier im 1.Jh. n. Chr. stationiert war. Die Stadt hat heute ca. 135.000 Ew., Industrie, einen Flughafen und ist Bahnknotenpunkt. Römer, Westgoten, Araber und schließlich Christen eroberten die Stadt nacheinander. Etwa ab dem 11. Jh. war sie als blühende Königsstadt vorübergehend das Zentrum des christlichen Spaniens. Kirchen wie San Isidoro (1149) mit dem Mausoleum der Könige oder die berühmte gotische Kathedrale mit ihren unzähligen bunten Fenstern (13. Jh.), der Palacio de los Guzmanes (16. Jh.) und das alte Kloster San Marcos (1513) mit seiner prächtigen 100 m langen Fassade (heute Parador-Hotel) sowie viele andere Bauwerke einschließlich Teilen der römischen Stadtmauer zeugen noch heute von der herausragenden Geschichte der Stadt. Achten Sie am Platz vor San Isidoro (Calle Ramón y Cajal) auf die in das Pflaster eingelassenen Markierungen des alten römischen Lagertors. Das römische Armeelager mit den Eckpunkten Kathedrale und San Isidoro lässt sich noch heute gut im Stadtplan ablesen.
Wir empfehlen einen Stopp (vielleicht sogar 2 Tage?) und einen Besuch in der Tourist-Information gegenüber der Kathedrale, um sich mit ausführlichem Infomaterial zu versorgen.

mast (rechts) biegt man scharf links auf einen Pfad in das Tal ein. Bei längerem Regen ist dieser neue Weg fast unpassierbar und man muss die Nationalstraße statt rechts zu gehen links auf die gegenüber liegende Seite queren. Die große Stadt vor Ihnen, die erst spät auftaucht, ist – Sie ahnen es! – León, das Ziel der heutigen Etappe. Die Unterkünfte sind im Zentrum, also immer mehr oder weniger geradeaus. Man kommt von der Bergstrecke herab an eine Durch-

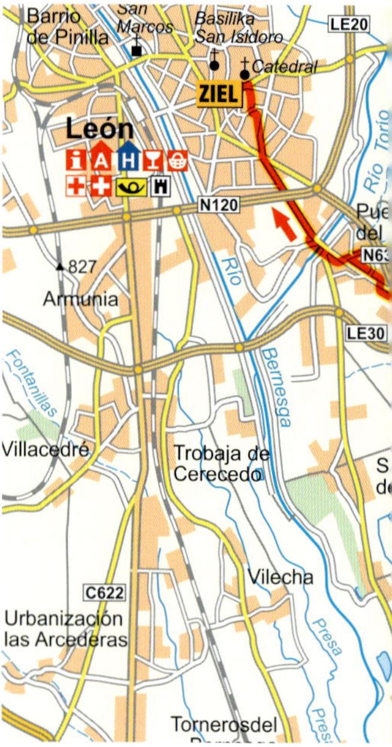

gangsstraße Avenida de Madrid und geht diagonal in die Calle Victoriano Martinez, an deren Ende man auf einer Fußgängerbrücke den Rio Torio überquert und rechts zurück auf die Av. de Madrid gelangt. Am ersten großen Kreisel geht man links zur Städtischen Albergue oder geradeaus.

Am nächsten sehr großen Platz mit einer interessanten Brunnenanlage bleiben Sie noch 100 m geradeaus und wechseln dann auf die andere Straßenseite. Gehen Sie am Platzende schräg rechts in die Calle Barahona und zu der kirchlichen (Benediktinerinnen-) Herberge (Calle Cuesta Carbajalas). An der stellenweise erhaltenen Stadtmauer betreten Sie die Altstadt durch die Calle Puerta Moneda. Die uralte Kirche, an der Sie als nächstes vorbeikommen, ist Sta. Maria del Mercado. Wenig später geht man an der Plaza de las Concepciones rechts in die Calle la Rúa, dann in die Calle Ancha und ist bald an der Kathedrale (dort auch Tourist-Office).

0 1100 m

24. Tag: León – Villar de Mazarife (Var. A) oder Villadangos del Páramo (Var.B)

Von León durch den Páramo

Ausgangspunkt: León | **Charakter:** Leicht, beide Strecken fast gleich lang; Variante A: sehr schöne Heidelandschaft des Páramo; Variante B: eintönig, laut, neben der N 120 | **Unterkunft/Einkehr: La Virgen del Camino:** Albergue, Hotels, Hostals, Supermarkt, Apotheke; **Vilar de Mazarife:** 3 Albergues, Bar, Tiendas; **Villadangos del Páramo:** Albergue, Hostals, Bar, Tienda

Leicht | A: 22 km B: 21 km | A: 6,75 Std. B: 6,25 Std.

Wenn Sie auf das Portal der Kathedrale in León schauen (Plaza de Regla), wenden Sie sich nach links in die Calle de Pablo Flórez und 50 m weiter in die Calle San Pelayo. Sie kommen an einen gotischen Torbogen, dann an einen winzigen Platz mit ein paar Bäumen, gehen ein kleines Stückchen links und an einem abermals winzigen Platz nach rechts zur Iglesia Santa Marina la Real. Die nächste Straße nach der Kirche (Corral de San Guisan) führt Sie links weiter ziemlich verwinkelt zu einem T-Stück, an dem Sie nach rechts abbiegen. Schilder mit Straßennamen sowie gelbe Pfeile sind ziemliche Mangelware. Nun kommen Sie auf die Plaza Santo Martino, biegen vor dem Tor der Colegiata de San Isidoro links in die Calle Sacramento ein – und stehen 100 m weiter vor der mächtigen romanisch/gotischen Basilica de San Isidoro.

Verlassen Sie die Plaza de San Isidoro mit der Basilika im Rücken nach rechts unten und umrunden den Basilika-Komplex im Uhrzeigersinn. In das Pflaster eingelassen ist eine Linie, die die Lagergrenze

KOMPASS INFO

San Isidoro ist neben der Kathedrale sicherlich die berühmteste Kirche in León. Sie wurde im 11. Jh. erbaut (romanisch) und später in der Gotik erneuert, so dass sich beide Stile finden. Die Basilika ist Ruhestätte von 23 mittelalterlichen Königen Asturiens, mit wunderbar erhaltenen Fresken des 11. Jh. in dem Pantheon und beherbergt die Reliquien des Hl. Isidoro. Der Besuch des Gotteshauses ist ein Muss.

Variante A

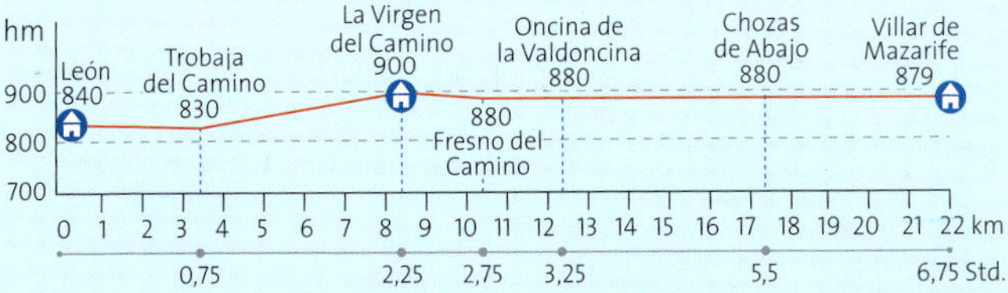

Variante B

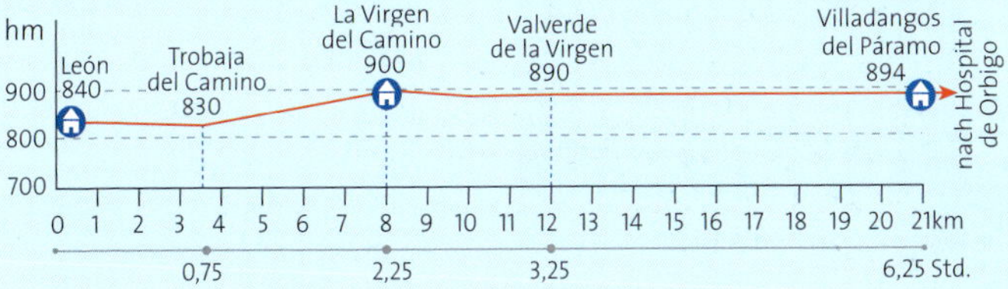

der Römer markiert. Folgen Sie nach rechts der Avenida de Ramón y Cajal (der Turm rechts „Torre de la Colegiata“ ist reinste Romanik) und biegen dann links in die Calle

León: Torre de la Colegiata.

KOMPASS INFO

Vorbemerkung: Wenn Sie vielleicht noch einen Vormittag in León zubringen möchten, können Sie anschließend in der neuen, sehr komfortablen Albergue (privatisierte Flieger-Unterkunft der Guardia Civil) in La Virgen del Camino (nur 8 km von León entfernt) übernachten.

de Renueva, die wenig später Avenida Suero de Quiñones heißt und zur Plaza de San Marcos (Parador-Hotel, UTM 288180/4719816) führt. Überqueren Sie nun den Rio Bernesga. Nach der Brücke finden Sie rechts den Parque de Quevedo (UTM 287937 / 4719701), der einen kurzen Besuch wert ist. Danach beginnt der lange Marsch (circa 8 km) durch die Vorstadtbebauung.

Mit Frühstück sieht es zur Pilgerstunde, also gegen 7:00 Uhr, rela-

Der Barockaltar in La Virgen del Camino.

tiv schlecht aus. Etwa 2 km nach dem Parador findet man auf der linken Seite der Ausfallstraße eine ordentliche Kaffeebar. Dann verschwenkt die Fahrbahn nach rechts, während Sie eine Fußgängerbrücke über eine Eisenbahnstrecke erklimmen.
Völlig unerwartet steht bei UTM 286193/4719500 die Ermita de Santiago Apostol.

KOMPASS INFO

Sie können statt des beschriebenen Weges genauso gut von der Kathedrale durch die Calle Ancha zur Plaza Santo Domingo (Rathaus)und dort schräg rechts durch die Gran Via de San Marcos gehen, die Plaza de la Maculada passieren und dann die Plaza de San Marcos erreichen. Oder vom Rathaus geradeaus durch die Avenida de Ordoño zum Rio Bernesga wandern und dann rechts am Fluss entlang nach San Marcos gelangen. Oder, oder, oder ...

Bei UTM 285976/4719458 biegen Sie links und sofort wieder rechts ab. Auf dieser Nebenstraße ist es etwas ruhiger. Wenige Meter weiter liegt rechts ein verfallenes Industriegebäude aus der Gründerzeit mit Türmchen und Zinnen. Wer weiß, wie lange noch.

Ein paar Meter weiter sind bereits moderne Wohnblocks entstanden. Mit Klinkerverblendern, Kupferdachrinnen und so ...

Bald darauf sind wir wieder an der N-120, die wir 50 m weiter an einer Ampel überqueren, um sie nach rechts zu verlassen. Dort finden sich wieder ein paar Erdhäuser, einige davon hübsch restauriert. Diese Straße gehen Sie nun immer geradeaus, bis Sie wieder an die Nationalstraße, unsere gute alte N-120, kommen. Zur Albergue in

Im Páramo.

KOMPASS INFO

La Virgen del Camino
Das moderne Gotteshaus der Dominikaner (weiße Kutte) wurde 1961 gebaut. Die überlebensgroßen künstlerischen Bronze-Figuren an der Fassade stellen die Mutter Gottes und die 12 Apostel dar. Der Bau, eine Klosterkirche, ist in seiner Schlichtheit ergreifend. In seinem Inneren findet man überraschend, jedoch in seiner Gegensätzlichkeit überwältigend schön, einen großen Barockaltar. Ein hohes Betonkreuz steht neben dem Gebäude. Gönnen Sie sich ein paar Minuten der Stille in dem Gotteshaus, untermalt nur mit ganz leiser Musik.

La Virgen del Camino biegen Sie kurz hinter dem Hostal Central links ab (gut ausgeschildert) in die Calle el Meson, die Sie ein ganzes Stück bis an den Ortsrand gehen müssen. Rechts sind die ehemaligen Flieger-Unterkünfte, jetzt Albergue (super für uns!).

An der N-120 folgt rechts die baulich bemerkenswerte Kirche Virgen del Camino. Links der Straße steht das zugehörige Kloster der Dominikaner.

Wenig später verlassen Sie die Hauptstraße nach links auf einen abfallenden Weg und kommen in ein Bachtal (das Flugplatz-Tankanschluss-Gleis, das in vielen Karten noch eingezeichnet ist, gibt es nicht mehr). Bald müssen Sie an einer Stelle, an der viel Albergue-Reklame auf die Fahrbahn gepinselt ist, entscheiden, ob Sie entlang der N-120 über Villadangos del Páramo oder durch den Páramo über Villar de Mazarife wandern.

Variante A: Über Villar de Mazarife 22 km (durch die Heidelandschaft Páramo del León)

Bei den gelben Albergue-Hinweisen auf der Fahrbahn (UTM 282928/4717311) gehen Sie links in einen unscheinbaren Trümmer-Feldweg Richtung Fresno del Camino. Lassen Sie sich durch die vielen nach rechts weisenden gelben Pfeile (auch später) nicht irritieren, sondern gehen den von der N-120 links fortführenden Feldweg geradeaus. Die Firmengebäude an der Nationalstraße liegen jetzt schon dreihundert, vierhundert Meter rechts. Nach einer kleinen Weile kommen Sie an eine Teerstraße, der Sie links über die Brücke der neuen Autobahn hinweg folgen und dann sofort rechts nach Fresno abbiegen. Eine eingleisige Bahnlinie kreuzt bei UTM 281689/47148244. Danach kommt man nach Oncina de la Valdoncina, wo es sowohl am Ortsanfang als auch am Ortsende Trinkwasser gibt. Nach den letzten Häusern gabelt sich der Weg. Man nimmt den lin-

Páramo del León, eine weite Heidelandschaft.

ken (Geradeaus-) Ast und wandert nun durch weite Heideflächen mit Ginster, Lavendel, Orchideen: Der Páramo.

Eine reichliche Stunde später (etwa 5 km) gabelt sich bei UTM 280112/4711430 der Weg erneut. Nehmen Sie abermals den linken

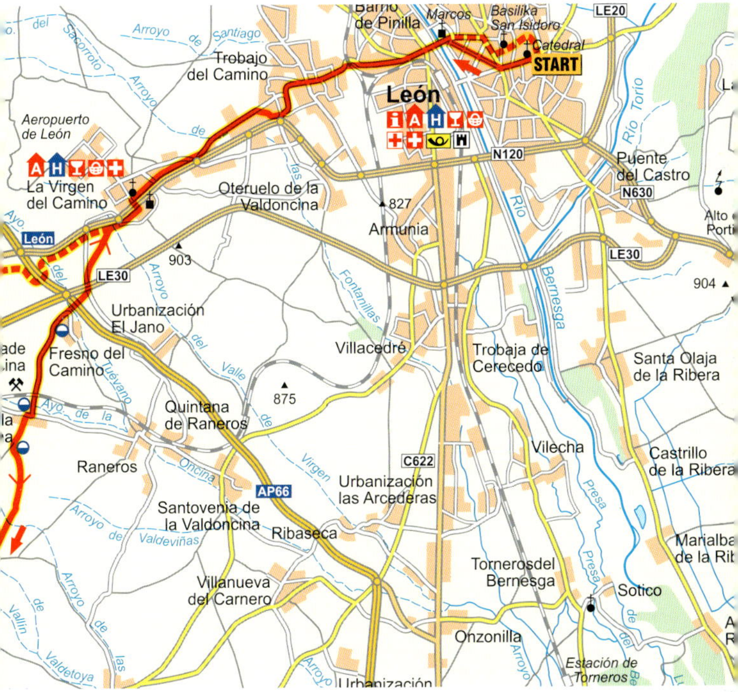

KOMPASS

0 1100 m

(Geradeaus-) Ast. Sie kommen nach Chozas de Abajo (Brunnen, Bar). Der Ort wird geradeaus durchquert, und 4 km weiter kommt man nach Villar de Mazarife (3 Albergues, Bar, Tiendas), vorschlagsweise dem heutigen Etappenziel.

Variante B: Über Villadangos del Páramo (21 km; UTM 272852/ 4711147)

Sie unterqueren nach kurzer Zeit die Autobahn A-66. Der Rest ist schnell gesagt: Von nun an geht es immer entlang der Nationalstraße. Das ist nicht so schlecht wie es klingt. Schließlich passiert man etliche Ortschaften mit Bushaltestellen und gelegentlich Läden, und man kommt selbst bei schlechtem Wetter schnell voran. Nur bleibt die Geschichte eben recht eintönig. Übrigens: wenn Sie bei Straßen-Kilometer 317 eine Bergkuppe überschreiten, sehen Sie am Horizont zum ersten Mal die vor ihnen liegenden Berge von León. Sie müssen zwar nicht über die höchsten Stellen hinweg, jedoch liegt Arbeit vor Ihnen.

Etwa 2 km vor Villadangos gibt es an einem großen Verkehrskreisel ein Hotel sowie zwei Hostals und eine Bar.

25. Tag: Villar de Mazarife – Hospital de Órbigo

Zur längsten Brücke des Caminos und zum tapferen Ritter Suero de Quiñones

Ausgangspunkt: Villar de Mazarife | **Charakter:** Sehr leicht und schön durch die Heidelandschaft des Páramo | **Unterkunft/ Einkehr: San Martín del Camino:** 2 Albergues; **Hospital de Órbigo:** 3 Albergues, Hotel, Hostals, Bars, Apotheke, Läden, Erste Hilfe, Post

Leicht | 14 km | 4,25 Std.

Von Villar de Mazarife führt der Jakobsweg schnurgerade zum Canal del Páramo – 6,5 km, und dann noch einmal 3 km ebenso schnurgerade nach Villavante. Hier verlief der alte Camino geradeaus, jedoch fiel der Bahnübergang der Streckenerneuerung zum Opfer. Man sollte die Gleise vielleicht nicht überqueren (was technisch möglich ist), sondern rechts in das Dorf gehen und dort die Brücke benutzen.Der Umweg ist gering, der Gewinn an Sicherheit bei den heutigen schnell fahrenden Zügen nicht zu verachten. Danach über-

Die längste Brücke des Camino in Hospital de Órbigo

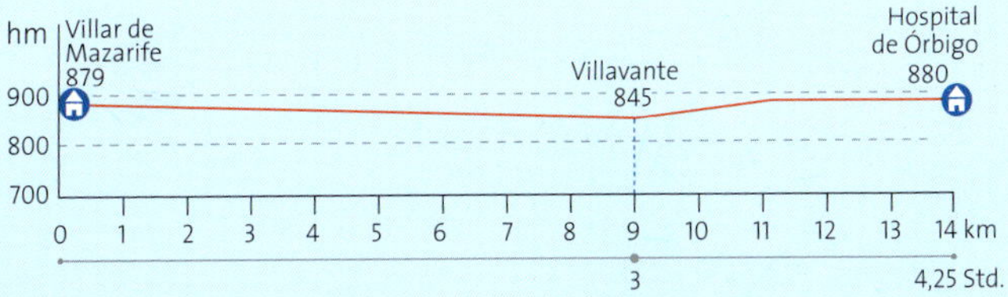

KOMPASS INFO

Der tapfere Ritter Suero de Quiñones

Es war einmal ein tapferer spanischer Ritter, der sich unglücklich verliebt hatte. Wie in Ritters Zeiten üblich, schwor er einen Eid, um seiner Angebeteten zu imponieren. Dummerweise hatte er sich darauf verlegt, ein – sehr unbequemes! – Halseisen zu tragen. Nach einer Weile überlegte er, wie er die Last wieder loswerden könne und schwor, es mit jedem Ritter aufzunehmen, der über die Brücke käme. Es waren wohl mehr als 100 Edelleute, mit denen er sich auf dem Turnierplatz neben der Brücke im Lanzenstechen gemessen haben soll. Der Turnierplatz existiert noch heute, und jedes Jahr Anfang Juni werden hier Festspiele abgehalten. Zu Ehren des tapferen Ritters Suero de Quiñones ...

Vogelnester im aufgelassenen Sandbruch.

Im Páramo del León.

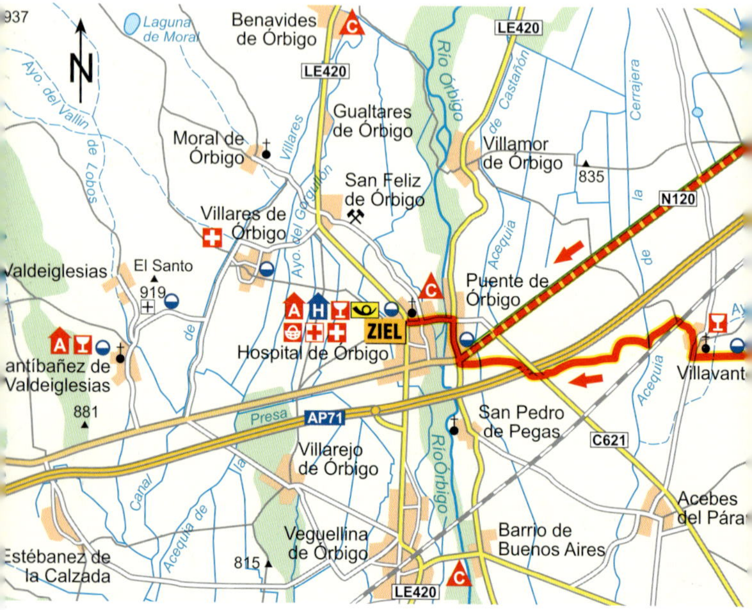

0 1000 m

queren Sie die Autobahn A-12, gehen kurz nach der Brücke links Richtung Fabrikgelände und dort rechts über die Kreuzung mit der N-120 hinweg in den Ort Puente de Órbigo. Ziemlich genau 500 m weiter biegen Sie links ab – und haben die längste mittelalterliche Brücke (13. Jh.) des gesamten Camino vor sich. Am anderen Brückenende liegt Hospital de Órbigo. Hier spielte sich auch die Geschichte des tapferen Ritters Suero de Quiñones ab ... Da der Weg nach Astorga noch einmal gut 15 km weiter ist, lassen wir die heutige Etappe in dem Städtchen enden.

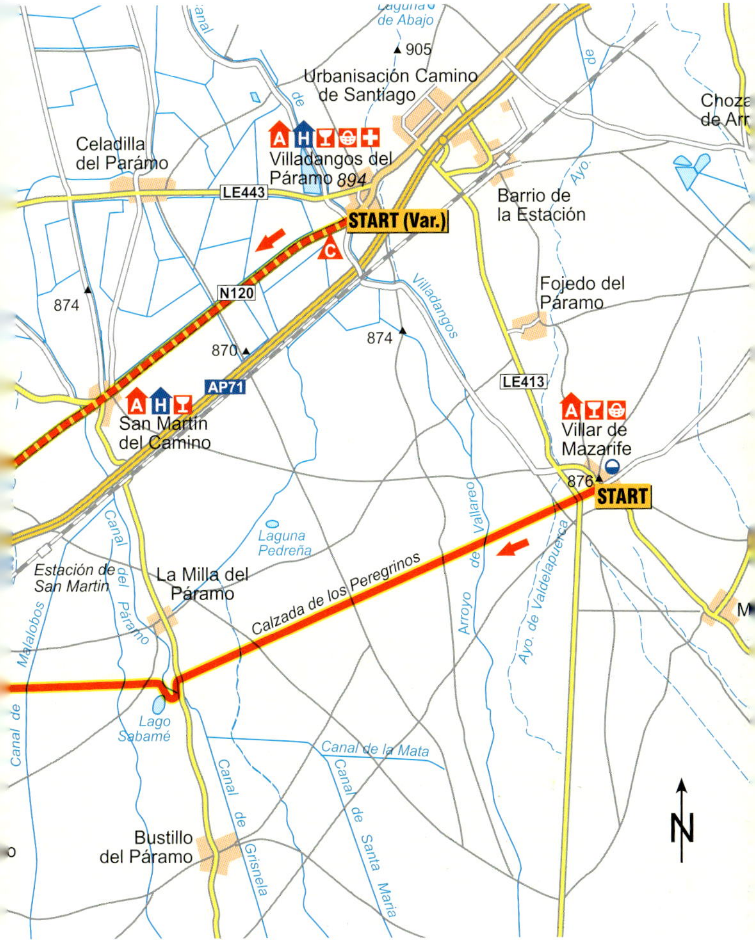

26. Tag: Hospital de Órbigo – Santa Catalina de Somoza

Zur Römerstadt mit einer herrlichen gotischen Kathedrale

Ausgangspunkt: Hospital de Órbigo | **Charakter:** Leicht | **Unterkunft/Einkehr: Santibáñez de Valdeiglesias:** Albergue, Bar; **San Justo de la Vega:** Bar, Hostals, Apotheke; **Astorga:** 3 Albergues, Hotel, Hostals, Apotheke, Bars, alle Läden; **Murias de Rechivaldo:** 2 Albergues; **Santa Catalina de Somoza:** 3 Albergues, Bar

Leicht | 23 km | 6 Std.

Sie haben von Hospital de Órbigo an die Möglichkeit, entweder an der – öden – Nationalstraße entlang zu gehen oder aber den wesentlich schöneren Weg über Villares de Órbigo (Bar) zu nehmen. Halten Sie sich am Ortsausgang von Hospital de Órbigo rechts ent-

Der Gaudi-Palast in Astorga.

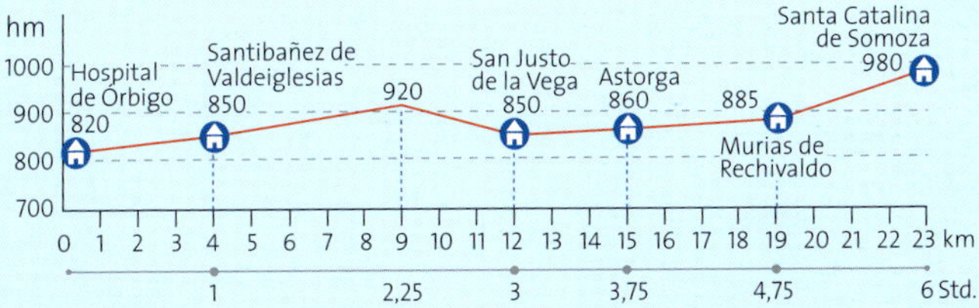

lang eines kleinen Kanals und dann in Villares de Órbigo am Hang etwas aufwärts unterhalb des El Santo (919 m) nach Südwesten. Nach 1 km kommen Sie an eine Landstraße und auf ihr nach Santibáñez de Valdeiglesias. An der Kirche biegt man rechts ab und kommt nun für die nächsten 6 km in ein sehr schönes Stück wellige Landschaft. Später hat man vom steinernen Wegekreuz Santo Toribio eine schöne Aussicht auf Astorga. Ungefähr hier liegt die Grenze der UTM-Zonen 29T und 30T.

Etwa 1 km nach San Justo de la Vega (Hostal, Apotheke), dem nächsten Ort, zweigt man hinter der Brücke über den Rio Tuerto rechts auf einen Nebenweg ab, der nicht gerade hübsch ist, aber wenigstens nicht an der Nationalstraße verläuft. Über ein steinaltes Brückchen kommt man zu uralten, aufgelassenen Bahnübergängen an toten Gleisen sowie einer wilden Brückenkonstruktion und steigt dann hinauf in die festungsartig angelegte Altstadt von Astorga (3 Albergues, Hotel, Hostals, alle Läden).

KOMPASS INFO

Astorga
Astorga war eine der großen Jakobsweg-Stationen. Sie existierte jedoch schon 1.000 Jahre früher als Verwaltungszentrum der Römer in guter Verteidigungslage (seit 17 v.Chr.). Ausgrabungen aus jener Zeit kann man im Römer-Museum (Stadtmitte) betrachten. Gefunden wurde eine römische Villa, das Forum Romanum, ein Augustus-Tempel u.a. Im alten Asturica Augusta war zeitweise eine ganze Legion stationiert, auch weil die Stadt ein Zentrum der Goldtransporte der Römer aus den Montes de León war. Heute ist Astorga eine Stadt des Zuckergebäcks. Die gotische Kathedrale (15. Jh.) hat einen beachtenswerten Hochaltar mit geschnitztem Chorgestühl. Das Rathaus an der Plaza Mayor (17. Jh.) beherrscht diesen Platz (beachten Sie die Uhr mit bewegten Figuren). Prächtig anzusehen ist auch der Bischofspalast von Antonio Gaudí (1887), der allerdings nie seinem Zweck zugeführt wurde. Er ist heute Museum, in dem unter anderem das Original des Cruz de Ferro aufbewahrt wird.

Schlammstrecken sind manchmal unvermeidlich.

Sie kommen mehr oder weniger automatisch zur Plaza Mayor mit dem schönen Rathaus aus dem 17. Jh.(UTM 29 T 742313 / 4704448) und gehen von dort zum Gaudi Palast (gegenüber finden Sie die Tourist-Information). Ein Stück weiter steht die prächtige gotische Kathedrale, von der aus man sich nach links hält.

Folgen Sie nun den Markierungen zum Ortsausgang an der LE-142, der entlang Sie 3 km nach Murias de Rechivaldo (2 Albergues) marschieren. Sie sind jetzt in der Maragatería, einem Landstrich, dessen Bewohner, die stolzen Maragatos, ein Völkchen für sich sind und noch heute großen Wert auf ihre Folklore legen. (25. Juli: Fest des Santiago, ansehenswert). In Murias verlassen Sie die Landstraße und halten sich links auf einen landwirtschaftlichen Weg. Nach etwa 2,5 km kreuzen Sie die schräg verlaufende LE-142 und erreichen

0 1200 m

weitere 2 km weiter Santa Catalina de Somoza. Hier kann es sein, dass Ihnen vor dem Ort ein Einwohner unbedingt eine der 3 Albergues an das Herz legen will. Alle liegen an der Hauptstraße: Sie können sie also nacheinander anschauen und wählen.

Brücke über den Rio Tuerto hinter San Justo de la Vega.

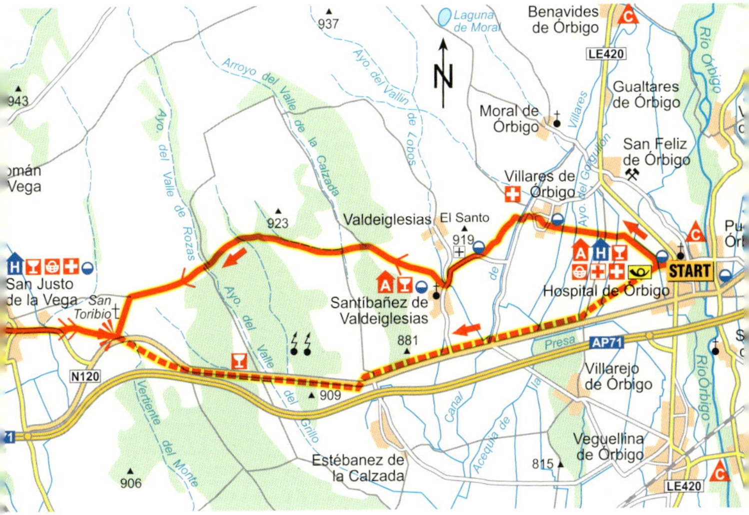

27. Tag: Santa Catalina de Somoza – El Acebo

Schluss mit lustig: Auf in die Berge zum Dach des Camino, dem Cruz de Ferro

Ausgangspunkt: Santa Catalina de Somoza | **Charakter:** Schwer, da lang und zum höchsten Punkt des Camino; Sie können jedoch problemlos verkürzen | **Unterkunft/Einkehr: El Ganso:** Albergue, Bar; **Rabanal del Camino:** 4 Albergues, Hotel, Bar, Restaurants, Tienda; **Foncebadón:** 3 Albergues, Hostal, Bars, Bio-Tienda; **Manjarin:** Albergue mit Miniaturbar, jedoch ohne Waschraum/WC, sonst nichts; **El Acebo:** 2 Albergues, Hotel, Restaurant, Bar, Café, Tienda

Schwer | 28 km | 8,5 Std.

Haben Sie gut geschlafen in einer der schnuckeligen Albergues? Gehen Sie zeitig los, denn Sie haben heute Einiges vor, wenn es nach diesem Führer geht. Natürlich können Sie auch schon früher absatteln: Sie haben die Wahl zwischen Herbergen in vier Ortschaften.

In Santa Catalina de Somoza (UTM 733638/4705271) geht man durch das Dorf und folgt der Landstraße LE-142. Die Montes de León, die Berge von León, sind nun schon sehr nahe. Sie sind Ihr nächstes Ziel, und zwar ganz oben, damit kein Irrtum entsteht.

Vielleicht 200, 300 m hinter dem Ortsausgang kann man auf einen Fußweg neben der Landstraße wechseln. Sofern Sie „gut drauf" sind, steht heute das Cruz de Ferro (1504 m), der offiziell höchste Punkt der Reise nach dem Somport-Pass (in Wirklichkeit um ein paar Meter der zweithöchste...),

KOMPASS INFO

Römergold
Zwischen El Ganso und Rabanal, aber auch noch weit darüber hinaus bis um Ponferrada haben die Römer Gold geschürft. Dieser Distrikt war eine der Hauptgegenden des Imperium Romanum, des römischen Weltreichs, für die Gewinnung des Edelmetalls. Wenn Sie eine spanische Landkarte 1:50.000 haben oder einsehen können, finden Sie rechts und links des Caminos viele Stellen, die als römisches Bergwerk markiert sind („Minas Romanas Oro").

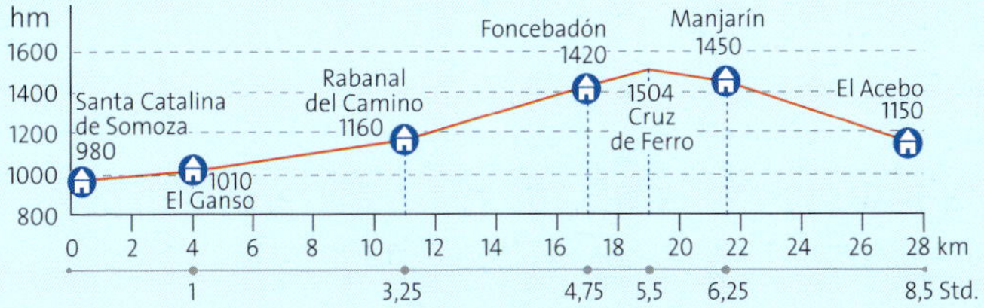

auf dem Programm. Der Weg führt jetzt wieder durch lichtes Buschland mit weitem Blick in eine zauberhafte Landschaft. Nach 4 km kommen Sie nach El Ganso (1010 m). Hier gibt es eine Albergue, Wasser, eine Bar.

Gleich bei der Ortstafel biegen Sie schräg rechts ab. Der Ort war schon im 12. Jh. eine wichtige Pilgerstation. Die Kirche ist romanischen Ursprungs, jedoch abgeschlossen. Etwa 1,5 km hinter El Ganso erreichen Sie einen hübschen Rastplatz mit einem Pilgerkreuz und Müllcontainer, leider jedoch ohne Wasser (UTM 728632/4705110). 2 km weiter gehen Sie auf einen breiten Seitenweg neben der Landstraße (UTM 727023/4705576) und sehen schließlich Rabanal del Camino am Berghang liegen. Bei UTM 725826/4706083 kommen Sie 8,3 km nach Santa Catalina de Somoza in 1070 m Höhe an eine Straßengabel mit Wegweiser „Rabanal del Camino“. Das ist Ihr Weg. 100 m weiter biegen Sie unmittelbar hinter einer

In den Montes de León: Abstieg vom Hochplateau bei Molinaseca.

KOMPASS INFO

Rabanal del Camino
In dem Ort (UTM 723494 / 4706798; Höhe 1160 m), der besonders im Mittelalter für die Pilger große Bedeutung hatte, weil ab hier der gefährliche Aufstieg in die Hochlagen der Montes de León begann, gab es Tempelritter zum Schutz der Wanderer vor Räubern und Wölfen. Die Pfarrkirche Iglesia de la Asuncion stammt aus dieser Zeit. Heute gibt es ein neues Benediktinerkloster (Abendgebet lateinisch gesungen; Pilgersegen). Im Ort kann man gut übernachten.

schmalen Bachbrücke rechts ab in den Wald. Am Horizont sehen Sie einen dünnen Mast. Das ist zwar noch nicht das Cruz de Ferro, jedoch müssen Sie trotzdem dort hinauf.

Wenn Sie bei Starkregen nicht in aufgeweichte Wildnis gehen möchten, bleiben Sie einfach auf der Straße. Bei trockenem Wetter ist der Waldweg sehr schön.

Für Geologiefans ist vielleicht die senkrechte Gesteinsschichtung, die man hier erkennen kann, recht interessant. Unmittelbar vor Rabanal del Camino (3 Albergues) liegt die Iglesia del Bendito Cristo de la Vera Cruz. Hier biegt man schräg rechts in den Ort ab.

Ein Stückchen hinter Rabanal del Camino kommt man an die Landstraße LE-142 Richtung Foncebadón. Hier ist eine der wenigen Stellen, an denen ein auf die Fahrbahn gemaltes gelbes Fahrrad den Weg für Radler weist, während die Fußpilger links in das Gelände marschieren (UTM 722006 / 4707007).

Ein ganzes Stück hinter Rabanal (UTM 721361/4707331) gibt es in einer Höhe von 1235 m eine 1970 gebaute Wasserstelle, die wie eine Viehtränke aussieht. Da nicht ausdrücklich daran steht, dass das Wasser nicht trinkbar wäre, kann

Abendessen in der urigen Albergue Manjarin.

Cruz de Ferro.

man es nach den spanischen Regeln durchaus verzehren. Der Autor hat es gekostet – es schmeckt ausgezeichnet, und er lebt noch. In einer Höhe von 1260 m überquert man die Landstraße und steigt weiter. Der Blick von hier oben in die Ferne, aber auch in die wunderschöne Heidelandschaft „nebenan" ist bezaubernd. Die nächste Wasserstelle finden Sie in einer Höhe von 1295 m. Hier können Sie bedenkenlos trinken und die Flaschen aus den beiden ständig fließenden Rohren füllen. Bald gelangen Sie in das mehr als 1.000 Jahre alte Foncebadón, wo Sie reichlich Gelegenheiten zum Übernachten vorfinden.

Der Camino führt durch das Dorf geradeaus, vorbei an der restaurierten romanischen Kirche (jetzt eine Albergue). 250 m hinter dem Dorf stehen in einer Weide die Reste eines romanischen Gemäuers, das einmal eine Klosterkirche gewesen sein mag. Auch hier oben gilt: Wenn es einmal längere Zeit

KOMPASS INFO

Manjarin
Hier gibt es außer zwei, drei Häusern und einer allerdings sehr urigen Albergue in einem früheren Bauernhaus ohne Wasser oder Strom, dafür mit einem äußerst gewöhnungsbedürftigen Abort, nichts. Ach so, ein paar Ruinen, einen aufgelassenen Friedhof und eine Quelle zum Waschen oder Wasserholen ein wenig außerhalb.

Der Hostaliero Tomás im Templerhemd und in deren Tradition sowie Fernandez bieten jedem Ankommenden kostenlos einen Kaffee oder Tee oder einfach einen Schluck Wasser mit ein paar Keksen, die auf einem Brettertisch vor dem Haus liegen.

Omnibusse machen natürlich an der Sehenswürdigkeit Halt. Manche Busreisenden ekeln sich, wenn sie sehen, dass sich auch die Katzen von Tomás der Kekse bedienen. Das erzeugt so ein Kribbeln auf der Haut, herrlich. Man hat etwas vom „Pilgerleben" gesehen!

Peregrinas/os, die sich den Berg zu Fuß heraufgequält haben, stören die Katzen wenig, und wenn Tomás abends lange nach Weiterfahrt der Busse das Abendessen bereitet hat und zum Tischgebet läutet, entsteht eine Stimmung, wie sie eindringlicher kaum sein kann. Da wird in der Küche eng um einen Tisch herum gehockt und gegessen und getrunken und erzählt und gesungen, dass das Herz lacht. Nur seinen Schlafplatz sollte man noch bei Tage hergerichtet haben: Licht gibt es im Quartier außer einem „Ewigen Licht" nicht. Und fließendes Wasser auch nicht.

Bar am Camino auf dem Weg nach Foncebadón.

geregnet hat, empfiehlt es sich, in Foncebadón und auch später auf der Asphaltstraße LE 142 zu bleiben.

Von den Wiesen aus sehen Sie, wie der Weg schräg links den Berg hinaufzieht. Folgen Sie ihm. Nach einer Weile kommen Sie wieder an die Landstraße. Dann stehen Sie vor dem Cruz de Ferro (1510 m). Seit tausend Jahren schichten hier die Pilger mitgebrachte Steine um das Kreuz auf, das heute nicht mehr das Original ist. Das steht im Museum in Astorga. Noch geht es auf der anderen Seite nicht abwärts, jedoch ist das erklommene Plateau der Gipfel des gesamten Camino zwischen Somport und Santiago de Compostela.

KOMPASS INFO

Foncebadón (1420 m) liegt unmittelbar am Fuß des Gebirgsübergangs über den Monte Irago und wurde bereits 946 unter König Ramiro II erwähnt. Im 10. Jh. gab es hier sogar ein Konzil, etwas später (12. Jh.) wurden eine romanische Kirche, Herbergen und ein Kloster gebaut. Noch heute sieht man deren Reste, die sich jetzt vorsichtig mit neuem Leben zu füllen beginnen, nachdem der Ort ausgestorben war. Nach keltischen Überlieferungen befindet sich Foncebadón auf besonderen Kraftlinien, die hier über das Gebirge verlaufen sollen. Es sei ein magischer Ort.

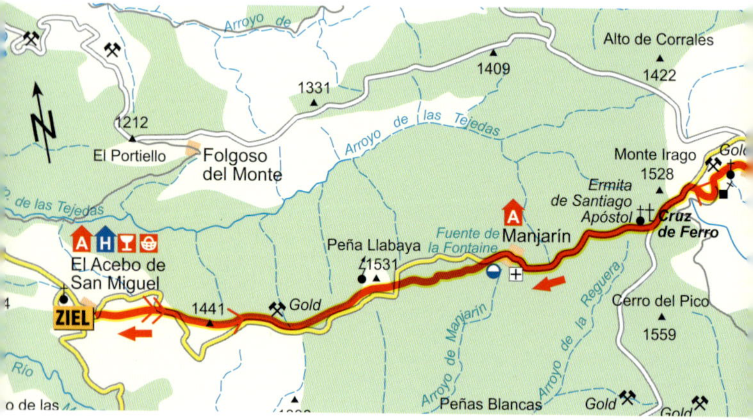

Vom Cruz de Ferro geht es neben der Landstraße zunächst ein wenig bergab, bis Sie zu einem verlassenen Dorf kommen: Manjarin. Nachdem Sie ein Stück hinter der kleinen Albergue von Manjarin links auf einen Weg abgebogen und wenig später an einer Tränke (Frischwasser) vorbeigekommen sind, wandern Sie den Weg weiter und treffen schließlich die Landstraße wieder. Noch einmal entfernen Sie sich ein wenig von ihr, kreuzen sie abermals und steigen dann ziemlich steil auf einem Pfad hinab nach El Acebo.

Hier können Sie sich versorgen und/oder übernachten. Die Albergue (UTM 708897/4708337) befindet sich mitten im Ort in der Calle Real.

28. Tag: El Acebo – Ponferrada

Ausgangspunkt: El Acebo | **Charakter:** Wegen alpiner Bergabstrecken nicht ganz leicht, dafür kurz. | **Unterkunft/Einkehr: Riego de Ambros:** Albergue, Hotel, Restaurant, Bar; **Molinaseca:** 2 Albergues (weit außerhalb), Hotels, Hostals, Restaurants, Bars, Tienda; **Ponferrada:** Albergue, Hotels, Hostals, Apotheken, alle Läden, Post

Mittelschwer | 16 km | 4,75 Std.

Man geht auf der Calle Real aus El Acebo hinaus und ca. 2 km die LE 142 entlang. An einer großen Ankündigungstafel für Riego de Ambrós biegen Sie links in das Gelände ab. Der Jakobsweg führt durch den Ort an der Albergue vorbei. An seinem Ende (UTM 706922/4710898) zweigt ein betonierter Weg steil rechts ab und wird gleich

KOMPASS INFO

Ponferrada ist Provinzhauptstadt mit gut 65.000 Ew., entstanden aus einer Ansiedlung um eine mittelalterliche Brücke über den Rio Sil. Zwei mozarabische Kirchen sind allerdings noch älter. In der Gegend südlich der Stadt gab es die größten Goldminen des römischen Reichs (Las Medulas). In Ponferrada steht eine mächtige Templerburg aus dem 12. bis 15. Jahrhundert, die nach der Auflösung des Ordens oft den Besitzer wechselte. Sie ist eine der besterhaltenen Burgen Spaniens. Wenn man von der Burg und der Basilica de la Encina (Renaissance) zum Rathaus geht, kommt man durch die sehenswerte Calle Reloj mit dem Torre del Reloj (Uhrenturm).

Ponferrada: Torre de Reloj (Uhrenturm).

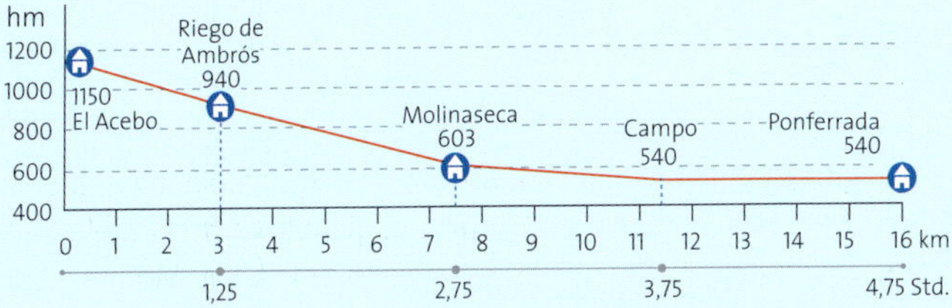

darauf zu einem wilden, steinigen Pfad hinunter zu einem Bach, den man überquert und jenseits wieder eine gute Viertelstunde lang zur Landstraße hinaufsteigt. Man folgt ihr ein Stück nach links und kommt zu einer Leitung, unter der sich der Camino gabelt. Man

Templerburg in Ponferrada.

nimmt den linken Zweig. Der Weg wird ein wenig anstrengend, jedoch schön – so wie bisher seit Riego de Ambrós. Am Ende in Molinaseca haben Sie seit Manjarin ca. 900 Höhenmeter, stellenweise im schweren Fels, vernichtet. Respekt!

In Molinaseca geht man nach Überqueren der uralten Rio Meruelo-Brücke (die Einen sagen „romanisch", die Anderen „römisch". Dazwischen liegen nur ungefähr tausend Jahre ...) geradeaus durch den Ort. Die beiden Albergues befinden sich am anderen Ortsende, eigentlich schon au-

Der von den Römern gemauerte Brunnen in Campo.

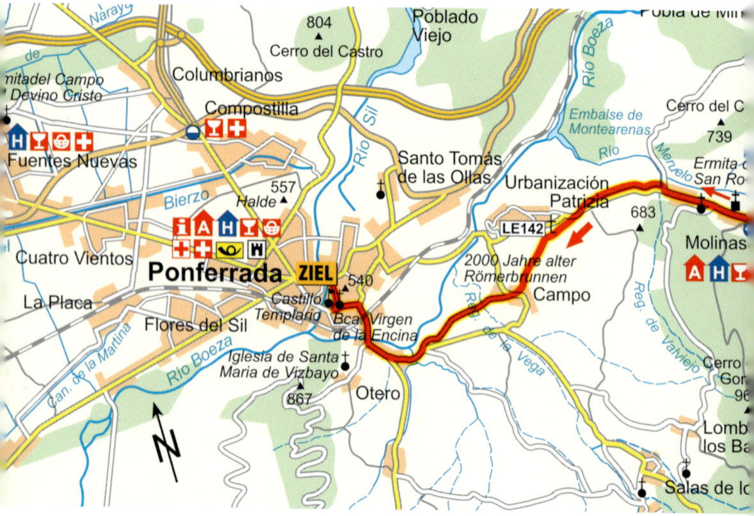

KOMPASS

0 1000 m

ßerhalb. In dem lebendigen Flecken finden Sie Hotels, Hostals, Bars, Läden. Die LE142 bringt Sie anschließend nach Pelote. Nach ca. 3,5 km zweigt man bei UTM 701132/4713218 von der Straße nach links ab. Nach einer Weile kommt man nach Campo. Rechts geht es zu einem römischen Brunnen, links führt der Jakobsweg durch den Ort und weiter nach Ponferrada. Im Vorort El Puente Boeza sehen Sie schräg links oben am Berghang eine altertümliche Kirche: Die Iglesia Santa Maria de Vizbayo, 11. Jh. Biegen Sie nun rechts ab auf die Brücke. Folgen Sie nach der Brücke in Ponferrada links den Jakobs-Markierungen zur Stadtmitte (UTM Rathaus 697845/ 4713176). Empfehlung: In der Touristinformation einen kostenlosen Stadtplan holen.

Die große Pilgerherberge (UTM 698175/4712941) in Ponferrada ist ein wenig außerhalb des eigentlichen Zentrums, jedoch noch in der Stadt.

Weg A (wenn man erst in die Stadt gelaufen ist): Man geht vom Rathaus in die Calle Jardines und wenig später an einer Abzweigung in die Calle Cruz de Miranda. Dort stößt man bald auf eine größere Kreuzung (links eine Pilgerinformation). An dieser Stelle geht man links in die Avenida del Castillo und wenige Meter später an einem riesigen Parkplatz schräg rechts auf ein großes schwarzes Haus mit einer Pilgerfigur an der Fassade zu.

Weg B (wenn man zuerst zur Pilgerherberge möchte): Nach der Brücke geht man die Calle Cruz de Miranda geradeaus bis zu einer Kreuzung mit einem Kruzifix und gegenüber einer Pilgerinformation (Avenida del Castillo). Hier biegt man rechts ab und 50 m weiter abermals schräg rechts (siehe Weg A).

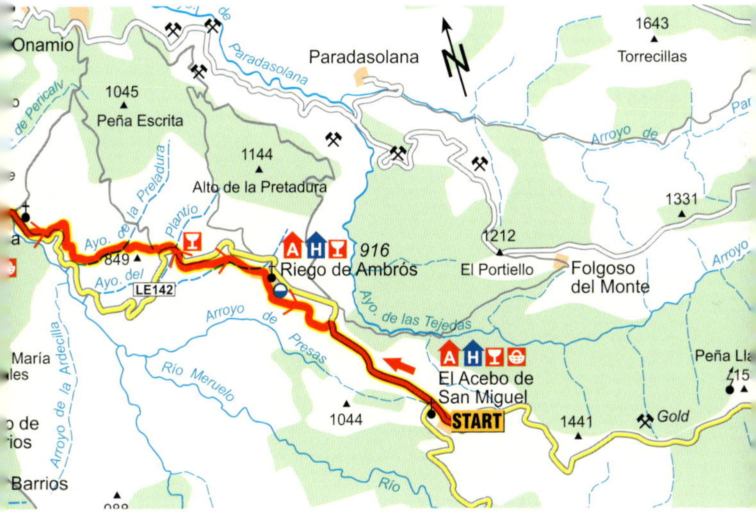

29. Tag: Ponferrada – Villafranca del Bierzo

Durch die Weinfelder des Bierzo

Ausgangspunkt: Ponferrada | **Charakter:** Relativ leicht, mit ein paar moderaten Steigungen, schön zu laufen | **Unterkunft/ Einkehr: Columbrianos:** Bar, Apotheke, Wasser; **Fuentes Nuevas:** Hostal, Bars, Apotheke, Tienda, Restaurant, Wasser; **Camponaraya:** Bar, Tienda, Apotheke; **Cacabelos:** Albergue (nur viele 2-Bett-Räume) am Ortsende, Hostals, viele Läden, Post, Apotheke; **Valtuille de Arriba:** Bar, Wasser; **Villafranca del Bierzo:** 3 Alber - gues, Hotel, Hostals, Apotheke, Post, alle Läden

Leicht | 24 km | 6,5 Std.

Man verlässt die große Herberge in Ponferrada nach links, folgt der Avenida del Castillo noch 50 m links bis zum Fußgängerüberweg und geht dann an der großen Verkehrs-Kreuzung (in der Mitte ein Kruzifix) rechts und sofort wieder links in eine schmale Gasse (Calle Pregoneros). Sie führt geradewegs zur Iglesia de San Andrés und zur Templerburg. Das mächtige viereckige Gemäuer in Verlängerung des schmalen Gässchens ist diese Burg. Gleichgültig, ob sie vor oder hinter der Kirche abbiegen: Sie kommen in die Innenstadt zur Basilica de la Encina (Anf. 17. Jh.) und später zum Rathaus.

Von der Plaza Virgen de la Encina (links ein Trinkbrunnen) geht man links die Treppen der Calle el Rañadero hinunter oder geradeaus weiter zum Rathausplatz.

Wenn Sie von der Herberge direkt zum Rathausplatz möchten, gehen Sie an der großen Kreuzung mit der Pilgerinformation und dem Kruzifix rechts die Calle Cruz de Miranda hinauf. Vom Rathausplatz windet sich der Camino,

KOMPASS INFO

Reblaus und Weinbau
Im Bierzo blühte der Weinbau, ehe die Reblaus, ein Mitte des 19. Jh. aus Amerika importierter, für die Pflanzen tödlicher Schädling, ganze Weinanbaugebiete europaweit vernichtete. Auch im Bierzo gab es keinen Wein mehr. Erst in der zweiten Hälfte des 20. Jh. wurde durch Anbau gekreuzter, widerstandsfähiger Sorten wieder hervorragender Rebensaft produziert.

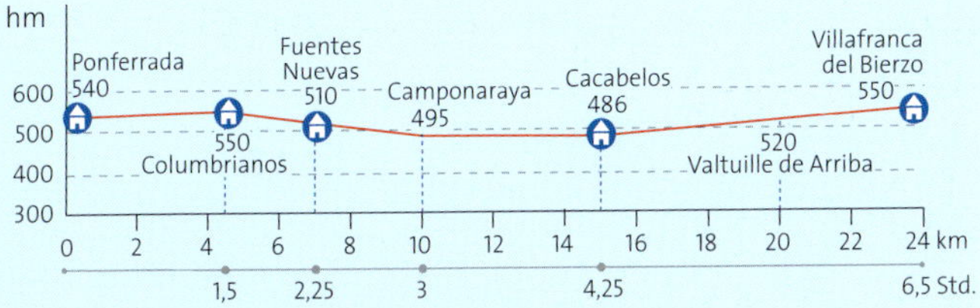

ebenfalls wieder links, steil hinab in die Calle Santa Beatriz de la Silva und dann gleich links im spitzen Winkel die Treppe hinunter, um unten an den Rio Sil zu gelangen. 150 m weiter biegt man an der Plaza San Pedro rechts ab und geht durch die Calle Rio Urdiales. Man kommt zu der breiten Avenida de la Huertas del Sacramento, der man nach rechts folgt, einen Kreisel überquert und schließlich an der Plaza Lutero King (großes Monument) rechts abbiegt in die Avenida de la Libertad. Nach einer aufgelassenen Industrieanlage biegt man am Wegweiser „Compostilla" links ab (UTM 697946/4714615).

Diese Pilgerin trägt viel zu viel Gepäck.

Villafranca del Bierzo: Die Burg

Links muss einmal eine ziemlich große Kohle-Halde gestanden haben. Man kommt an eine nicht zu übersehende Rote-Kreuz-Station, nach der man rechts-links durch ein lang gezogenes niedriges Gebäude hindurch geht. Die Generalrichtung bleibt geradeaus. Wir sind in Compostilla.

Am Ende des Ortes gabelt sich die schmale Straße. Gehen Sie geradeaus auf ein größeres Mietshaus zu. Der nächste Ort heißt Columbrianos. Hier gibt es direkt am Camino eine Wasserstelle. Eine Apotheke finden Sie, sobald Sie im spitzen Winkel auf die Hauptstraße stoßen, links. Man kommt an die Ermita de San Blas Y San Roque mit einem großen Bild an der Stirnseite. Eine Bar finden Sie rechts; der Camino führt links an der Ermita vorbei, die jedoch nicht mehr wie eine Eremitage aussieht. Im nächsten Ort Fuentes Nuevas gibt es Wasser, Bars, ein Restaurant, eine Apotheke und eine Tienda. Im Ort steht die Ermita del Divino Cristo, eine kleine Kirche.

Im nächsten Dorf Camponaraya folgt man der Hauptstraße nach rechts. Hier gibt es eine Alimentation, ein Restaurant, eine Apotheke, Bars und Banken. Bei einem Weingut am Ortsausgang hält man sich schräg links einen Weg hinauf. Wenige hundert Meter

KOMPASS INFO

Cacabelos
Der Ort reicht zurück bis in die Römerzeit, als er Verwaltungszentrum war. Heute liegt er im Anbaugebiet der hervorragenden El Bierzo-Weine. Falls Sie Station machen, sollten Sie die Pulpo Gallego (Tintenfisch auf galizische Art) probieren.

Auf dem Camino duro bei Villafranca del Bierzo.

nach Überqueren der Autobahn A 6 gabelt sich der Weg in den Weinfeldern. Nehmen Sie den rechten Zweig. Bei UTM 689307/4717930 biegt man an einer Wegegabel schräg links ab.

Am Ortseingang von Cacabelos gibt es an einem Unterstand Wasser. Im Ort finden Sie Hotels und Hostals, Läden, Bars und am Ortsende eine Albergue (70 Betten in 2-Bett-Hütten).

In der Stadt geht man geradeaus. Man überquert den recht breiten Rio Cúa, kommt an einer alten Weinpresse vorbei (18. Jh), überquert einen Mühlgraben (rechts neben der Brücke ist die frühere

KOMPASS INFO

Villafranca del Bierzo

Die Lage des Ortes zwischen zwei Gebirgszügen schützt ihn vor Stürmen und beschert ihm viel Sonne und ausreichend Regen. Das Klima ist hervorragend geeignet für den Anbau von Wein, Obst und Gemüse. Diese Lage nutzten früher auch die Pilger für eine Rast auf dem Weg nach Santiago, so dass es etliche Albergues, Klöster und Kirchen gab: Die romanische Iglesia de Santiago (12. Jh.), die Colegiata de Santa Maria (gotisch), die Iglesia de San Francisco (gotisch), San Nicolas el Real (Barock) u.a. Die mächtige Burg der Grafen von Villafranca stammt aus dem 16. Jh. Für kranke Pilger, die den Weg nach Santiago nicht fortsetzen konnten, gab es an der Iglesia de Santiago einen gleichwertigen Ablass der Sünden wie am Grab des Apostels.

Furt noch gut zu erkennen) und kommt zu der Pilgerherberge an der Iglesia Las Angustias (Barock). Man geht jetzt auf breitem Bürgersteig neben der LE-713, der alten N 6. An seinem Ende verweisen gelbe Pfeile auf einen Feldweg links, der jedoch schon nach 100 m

Auf dem Camino im Bierzo.

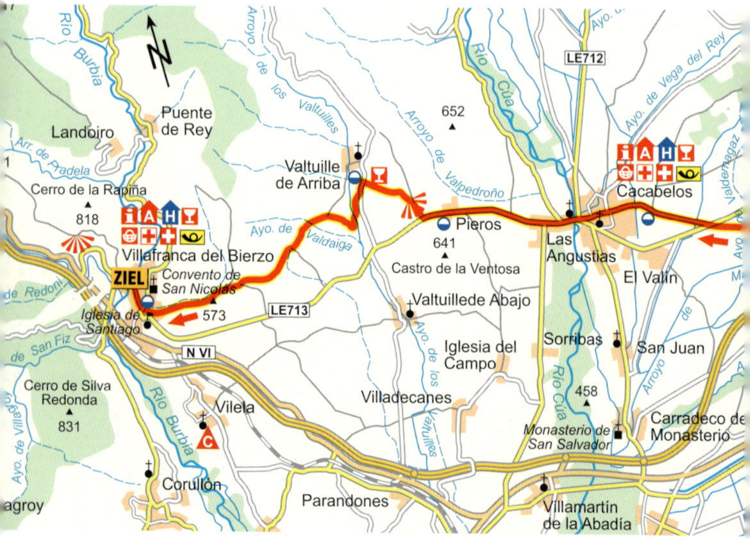

KOMPASS

0 1100 m

wieder zurück auf die Landstraße führt. Man kann also gleich geradeaus gehen.

Der nächste Ort ist Pieros. Das Schild „N VI" ist noch eine alte Bezeichnung für die heutige LE-713. Ein Stück hinter dem Dorf wird der Pilger in einer Linkskurve am Wegweiser „San Clemente/Pobladura" nach rechts geleitet. Hinter sich sieht er noch einmal die Schornsteine von Ponferrada. Bei der ersten Stromleitung biegt man in die Weinfelder nach links ab (UTM 684016/4720005). Nach dem Unterqueren dieser ersten Leitung (220 KV) schwenkt man auf die nächste (7-polige) Starkstromleitung ein. Die hat 400 KV, das sind 400.000 Volt.

Bald kommt man nach Valtuille de Arriba. An der Plaza Miguel Ochoa (Wasser, Bar) biegt man links ab. Hier wie anderswo im Land kann man ziemlich viele Grundstücke mit halbverfallenen Häusern kaufen. An der Bachbrücke biegt man nach links ab. Gelb, grün, weiß: alle Pfeile meinen das Gleiche, nämlich den Camino Richtung Santiago.

Der Weg über Valtuille ist zwar weiter als jener an der Landstraße, jedoch ungleich schöner zu laufen, auch wenn er mit einigen Steigungen und Gefällen verbunden ist. Weinfelder, soweit das Auge reicht! Wir laufen jetzt wieder auf die zwei parallelen Starkstromleitungen zu. Wären sie nicht, könnte man sich in den wilden Appalachen der USA wähnen.

Nach genussvoller Wanderung kommt man nach Villafranca del Bierzo. Hier finden Sie außer 2 Albergues div. Hotels, Hostals, Bars, Läden, Post, Banken, Apotheke und überhaupt alles, was man so brauchen kann.

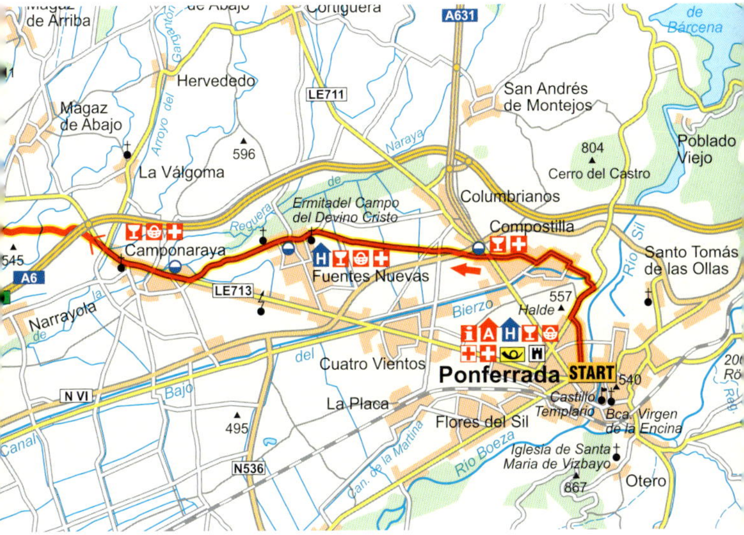

30. Tag: Villafranca del Bierzo – La Faba

Zwei neue Bergstrecken mit herrlichen Aussichtspunkten

Ausgangspunkt: Villafranca del Bierzo | **Charakter:** Über die Bergstrecke (A) anfangs schwer, dann wunderschön, durch steilen Abstieg und erneutes Steigen anspruchsvoll – insgesamt: sehr schwer; Variante (B) auf der alten N-VI einfach, letztes Stück nach La Faba anspruchsvoll | **Unterkunft/Einkehr: Pereje:** Albergue, Hostal, Bar; **Trabadelo:** Albergue, Bars, Hostal, Tienda, Wasser; **La Portela de Valcarce:** Albergue (Tel. 987543197), Hotel, Bars, Café, Restaurant; **Ambasmestas:** Albergue, Bars,Restaurant, Wasser; **Vega de Valcarce:** 2 Albergues, Hostal, Casas Rurales, Bar, Tienda, Apotheke, Banken; **Ruitelán:** Albergue, Bars, Tienda, Wasser; **Las Herrerías:** Albergue, Bar; **La Faba:** 2 Albergues, kleine Bar

A: Schwer
B: Anspruchsvoll

23 km

6,75 Std.

Aus der Innenstadt von Villafranca del Bierzo mit ihrer fast majestätischen Plaza Mayor geht man den Jakobsmuscheln folgend hinunter in das Flusstal. Unmittelbar hinter der Brücke des Rio Burbia – links eine Pilgerfigur – haben Sie sich zu entscheiden, ob Sie den leichteren Weg geradeaus entlang der N-VI oder den „Camino duro", den schweren Weg über den Berg nehmen. Wenn Sie auch nur einigermaßen gut zu Fuß sind, sollten Sie rechts die sehr steile Straße hinauf gehen (UTM 679470/4719760), denn so schwer ist der Weg über die Berge doch wieder nicht. Er ist wunderschön und lohnt sich! Schließlich kann man bergauf ja sehr langsam gehen.

Variante A: Camino duro

Sobald man den ersten steilen Anstieg hinter sich hat und die Steigung moderater wird, hat man traumhafte Ausblicke auf Villafranca del Bierzo mit seiner mächtigen Burg, auf die hohen bewaldeten Berge der Umgebung und hinunter in das enge Tal des Rio Valcarce. Dort unten verlief der alte Camino, denn die Pilger früherer Jahrhunderte sind natürlich nicht über die Berge gegangen, wenn sie bequemer durch ein Tal wandern konnten. Dann kamen

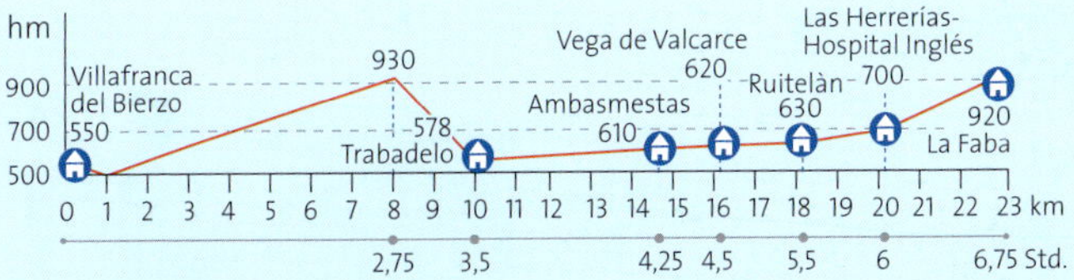

die modernen Straßenbauer und seither ist der Weg über den Berg sehr viel schöner. Der Autor ist beide Wege gegangen: Im Tal begegnete er relativ vielen Pilgern, auf der Bergstrecke kaum einer Menschenseele. Man steigt jetzt auf angenehmem Schotterweg moderat und wie in einem Märchenwald. So viele verschiedene Büsche, hohe Bäume, bunte Blumen – einfach traumhaft. Eben Märchenwald.

Die beiden gewaltigen Hangabträge auf der gegenüberliegenden Seite des Tales sind wegen der Autobahn entstanden, die vor Bergstürzen gesichert werden musste. Unser Weg ist inzwischen eben geworden und führt durch Heidelandschaft. Wenn Sie bei Gelegenheit einmal ein wenig nach rechts vom Weg in das Heidekraut gehen, sehen Sie plötzlich nicht nur auf der linken Seite das tiefe Tal des Rio Valcarce, sondern rechts das ebenfalls tief eingeschnittene Tal des Arroyo del Requeiro.

Schließlich kommen Sie unterhalb einer großen Sendeanlage vorbei.

Römerbrücke bei Castrogeriz.

Autobahn im Valcarce-Tal.

In einem Kastanienwald sind die Jakobsweg-Markierungen mehrdeutig. Im Prinzip können Sie alle Richtungen benutzen, auch die nach Pradela – letzten Endes kommen Sie, immer steil absteigend, nach Trabadelo unten links im Valcarcetal.

Sollten Sie so gegangen sein, dass Sie bei UTM 674900/4725045 an die Straße von Pradela nach Trabadelo gekommen sind, wandern Sie links bergab. Nach einer Weile biegen Sie in einer Linkskurve der Landstraße an einem Jakobsweg-Schild schräg rechts in einen Schotterweg ab, bleiben also praktisch geradeaus. Sie können natürlich ebenso gut auf der Landstraße bleiben..

Wenn Sie mit dem steilen Abschneider wieder auf die Teerstraße treffen, haben Sie einen ausgezeichneten Blick auf die ingenieurmäßig nicht einfache Autobahnführung. Gleich hinter der 3-poligen Stromleitung können Sie den nächsten steilen Ritt rechts auf einem Schotterweg beginnen (UTM 673693 / 4724498). Allerdings ist auch hier Oberschenkel-Fitness gefragt.

Wenn Sie auf etwa 700 m abgestiegen sind, liegt Ihnen Trabadelo 120 m tiefer zu Füßen. Bei UTM 673683/4724248 kommen Sie wieder an die Landstraße, die Sie schräg links an einem Jakobsweg-schild überqueren und weiter steil bergab laufen. In Trabadelo kommen Sie an die uralte Kirche, daneben eine Wasserstelle (1849) und links in der Dorfstraße eine kleine Tienda. Zur Albergue (UTM 673592/4724016) sowie auf den weiteren Camino gehen Sie nach rechts durch den Ort.

Variante B: an der N-VI
Hinter der Brücke des Rio Burbia bleiben Sie im Tal und kommen auf die kaum noch befahrene N-VI. Es läuft sich heutzutage eigent-

Die neue Autobahn ist ein technisches Meisterwerk.

lich ganz gut in dem engen Tal, und sicher ist es auch. Sie kommen nach Pereje (Albergue) und wandern immer weiter im Tal des Rio Valcarce, bis Sie schließlich in Trabadelo wieder mit dem „Camino duro" zusammentreffen. Diese Variante ist wirklich kinderleicht.

Gemeinsam weiter nach La Faba

Am Ortsausgang von Trabadelo zweigt man nicht nach Pradela ab, sondern bleibt geradeaus. Etwa 4 km hinter Trabadelo, kurz vor La Portela, steht ein 3-Sterne-Autobahnhotel mit Bar und allem Drum und Dran. 100 m nach dem Hotel biegt man an dem Ortseingang schräg links Richtung Albergue und Bar ab. Ohne Werbung machen zu wollen: In der kleinen Bar ist es für eine Tasse Kaffee o.ä. wesentlich ruhiger als in dem Hotelcafé. Dort herrscht Hektik, hier nicht.

In La Portela gibt es eine Albergue und Sie können sich versorgen. An der nächsten Autobahnbrücke der A-6 zeigt Ihr Gerät ein UTM 672483/4724761. Ehe die Autobahn gebaut wurde, rauschte der gesamte Verkehr von und nach Galizien über die Nationalstraße, die Sie jetzt geruhsam entlang wandern: Ambasmestas (römische Brücke), Vega de Valcarce, Ruitelán.

In Vega de Valcarce geht es links zum Castillo de Sarracin (9. Jh.), das 1 km abseits des Camino liegt und zeitweilig von den Tempelrittern genutzt wurde (touristischer Abstecher).

Der nächste Ort heißt Ruitelán (UTM 666450/472632). Allmählich beginnt unsere Straße zu steigen. Das wird später mehr werden, viel mehr. Man kommt in den nächsten Ort Las Herrerias. In einer leichten Rechtskurve geht man an einem 20 km/h-Schild geradeaus in den Ort hinein. Man überquert den Rio Valcarce auf einer Stein-

KOMPASS INFO

Die **Iglesia San Andrés de la Faba** ist eine einschiffige romanische Hallenkirche (Ende 12.Jh.) mit einem sehr schönen Hochaltar (Barock) und einem mächtigen uralten Taufstein. Ein kurzer Besuch lohnt sich.

brücke aus dem 15. Jahrhundert mit einer Spannweite von immerhin 9,5 m. Ein Stück weiter kommt man nach Hospital, wo man auch eine Wasserstelle findet. Nehmen Sie nicht den Abzweig nach Lindoso, sondern gehen Sie geradeaus nach La Faba. Das UTM an der nächsten Flussbrücke ist 664608/4726479.

Jetzt geht's los, das Steigen beginnt, und zwar zunächst nach La Faba. Falls Sie dort noch nicht Feierabend machen wollen, geht es weiter bis hinauf nach O Cebreiro.

Der unmittelbar vor Ihnen liegende Steig wird heftig. Radfahrer bleiben besser auf der Straße.

Auf dem Wanderweg kommen Sie in ein sehr romantisches Bachtal, in dem der felsige Weg zuerst wendelt und dann ziemlich urig nach oben führt. In dem Hohlweg gibt es ziemlich viel „Kuhschiet", der man bei trockenem Wetter recht bequem ausweichen kann. Bei Regen – na ja. Bei UTM 663202/4727589 kommen Sie in einer Höhe von 890 m an ein Feld, bei dem Sie rechts die Wendel hinauf gehen müssen. 30 Meter weiter steht das erste Haus von La Faba, darüber die uralte (und ansehenswerte) Iglesia San Adrés und dahinter die Albergue. Abkürzend führt ein paar Meter weiter ein ganz schmaler Hohlweg zu Kirche und Herberge. Inzwischen ist es immer kühler geworden. Das liegt nicht an einer Wetterverschlechterung, sondern daran, dass die Tempera-

Wanderreiter auf dem Camino.

tur bei gleicher Wetterlage pro 100 Höhenmeter 0,6 bis 1 Grad Celsius abnimmt. Im Klartext: In 1000 m Höhe ist es 6° bis 10° Celsius kälter als in Seehöhe. Und zwar überall, weltweit, wenn nicht gerade eine Inversionswetterlage (Temperatur-Umkehr) herrscht.

31. Tag: La Faba – Triacastela

O Cebreiro, das zweite „Dach" des Jakobsweges

Ausgangspunkt: La Faba | **Charakter:** Mittel, da die Schlussanstiege nach O Cebreiro und Alto do Poio relativ moderat sind und es danach fast nur gemächlich bergab geht | **Unterkunft/Einkehr: La Laguna:** Albergue (nicht immer geöffnet), Bar; **O Cebreiro:** Albergue, Hostals, Casas Rurales, Bars, sehr viele Touristen; **Liñares:** Hostal, Tienda; **Hospital da Condesa:** Albergue, Hostal; **Alto do Poio:** Albergue, Hostal, Bar; **Fonfria:** Albergue, Hostal, Bar; **Biduedo:** Albergue, Casa Rural, Bar, Restaurant; **Triacastela:** 6 Albergues, Hostals, Bars, Tiendas, Apotheke, Bank, Läden

Mittelschwer | 25 km | 8,5 Std.

Aus La Faba geht man geradeaus, vorbei an einem Souvenirladen und ein Stückchen durch einen Hohlweg. Dann liegt weites Gebirgs-Weideland vor den Pilgern. Im nächsten Weiler La Laguna (1150 m, UTM 662073/ 4729518) wandert man an einer betonierten Straßengabel links. Dies ist der letzte Ort in Castilla y Leon. 100 m hinter dem Ortsausgang biegt man bei UTM 661884 / 4729706 links in einen Wiesenweg ab. Bei UTM 661247/4730032 kommen Sie dann an den sehr fotogenen Grenzstein von Galizien. 10 m nach dem Grenzstein gabelt sich der Weg. Nehmen Sie den fast waa-

KOMPASS INFO

O Cebreiro am Gebirgsübergang ist seit Anbeginn eine berühmte Wallfahrerstation. Die 3-schiffige Iglesia Sta. Maria la Real ist romanischen Ursprungs, vielleicht noch älter. Im Dorf stehen noch Pallozas, runde Häuser mit niedrigem Eingang und tief herabgezogenen Strohdächern, die bis zur Mitte des 20.Jh. bewohnt waren. Eines davon ist heute ein Museum. Die Bauform geht unverändert bis in vorchristliche Zeit zurück. Schneereiche Winter und kalte, nasse Sommer haben diese Hausform hier oben geprägt. Wenn Sie schönes Wetter erwischen, haben Sie auf den nächsten Kilometern prächtige Ausblicke. Wenn ... O Cebreiro ist Ziel vieler Touristen und natürlich Pilger. Daher können Schlafplätze knapp werden. Es erscheint klug, schon vorher ein Bett zu suchen.

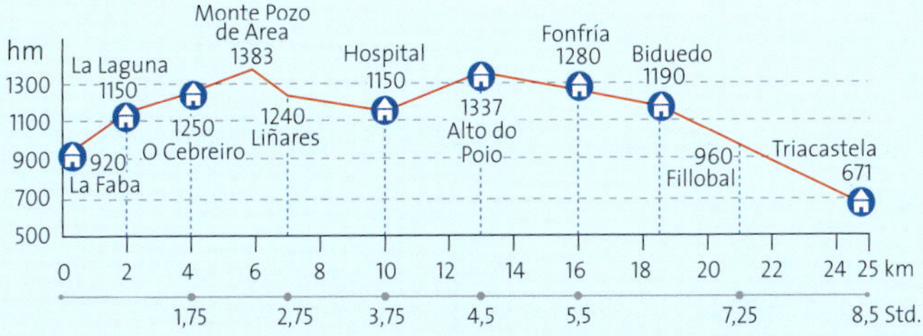

gerechten linken Zweig. Jetzt müssen Sie noch das letzte Stück hinauf nach O Cebreiro (UTM 660276/4730191). Nachdem Sie dort die Straße erreicht haben, gehen Sie 50 m weiter rechts zu der Herberge am anderen Ortsende.

Von O Cebreiro können Sie wetterabhängig entweder die Landstraße LU-634 nach Westen gehen oder, das ist der „richtige“ Camino, an der Albergue am Ortsende auf einen auf den Monte Pozo de Area führenden Weg abzweigen. Unterhalb des Gipfels erreichen Sie eine Höhe von 1383 m. Sie kommen bei UTM 591442/4729461 an ein T-Stück und gehen links, 100 m weiter an einer Hochspannungsleitung rechts. Bei Liñares stößt man dann wieder auf die

Noely aus Sao Paulo mit dem Autor in O Cebreiro.

KOMPASS INFO

Triacastela heißt übersetzt „Drei Burgen" und reicht gut 1200 Jahre zurück. Die kleine Stadt war ein Hauptort am Jakobsweg nach dem damals gefährlichen Gebirgsmassiv von O Cebreiro. Auch heute noch gibt es mehrere Unterkünfte und eine romanische Jakobskirche (UTM 644063 / 4735192). Über dem Eingang kann man drei Burgtürme und einen Hl. Jakobus erkennen. In der einschiffigen Hallenkirche steht ein schlichter geschnitzter Hochaltar, in dessen Mitte übergroß ein Jakobus (also kein Christus!) zu sehen ist.

L-634. Nach der Casa Jaime biegt der Camino von der Landstraße links ab und kommt zu einer romanischen Dorfkirche, die aber verschlossen ist. Anschließend führt die Dorfstraße wieder auf die Landstraße zurück. Sie haben jetzt eine Steigung auf den Alto de San Roque (1270 m) vor sich. Nach dem Alto läuft man oberhalb der Straße auf angenehmem Pfad nach Hospital da Condesa. Am Abzweig „Sabugos" schwenkt der Jakobsweg rechts ab. Am Alto do Poio (UTM 653415/ 4730608), den Sie bald erreichen, haben Sie eine Höhe von 1337 m. Bei UTM 650920/4732576 kommt man nach Fonfria.

Schließlich erreicht man Biduedo, wo man übernachten kann. Gehen Sie an dem letzten Bauernhof links ein wenig bergab und dann den Hang entlang. Nach einer kleinen Weile haben sie an einer Wegegabel bei UTM 648647/4733991 die Möglichkeit, rechts steil bergab oder links steil bergauf zu gehen. Gehen Sie links. An den ersten Häusern von Fillobal biegt man bei Kilometerstein 133,5 km scharf

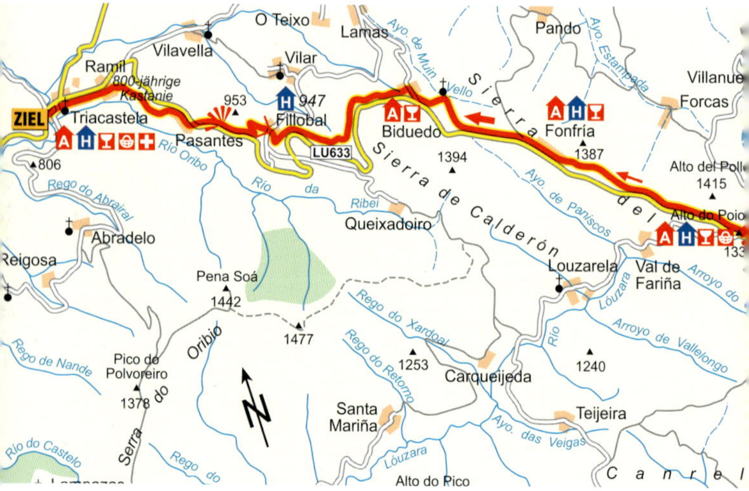

0 1100 m

KOMPASS INFO

In **Ramil** kommen Sie an einem kleinen Naturwunder vorbei: Einer Kastanie direkt am Jakobsweg. Sie hat einen Durchmesser von 2,70 m und ist ungefähr 800 Jahre alt.

Kastanie in Ramil (800 Jahre).

links ab und wendet dann rechts in einen Hohlweg. Er wird felsig und recht steil, jedenfalls für ein kleines Stück, ehe es wieder moderater zugeht. Man kommt an die Fahrstraße, die man überquert und links weiter in das Tal hinab steigt. Der nächste Ort heißt Pasantes (UTM 645689/ 4734508). In der Ortsmitte halten Sie sich links. Bei km-Stein 130,5 passiert man Ramil und erreicht schließlich Triacastela. An der ersten Wegegabel bei einer Bar kann man sowohl links als auch rechts gehen.

Rechts kommt man in die Geschäftsstraße, links zu der Jakobskirche.

32. Tag: Triacastela – Sarria

Verschiedene Wege und eines der ältesten Klöster Spaniens

Ausgangspunkt: Triacastela | **Charakter:** Drei verschiedene Strecken, mehr oder weniger einfach, mit einigen Steigungen
Unterkunft/Einkehr: Samos: Albergue (im Kloster) + 1 Privatalbergue, Hotel (Tel. 982546042), Restaurant, Bars, Apotheke, Tienda; **Furela:** Bar; **Calvor:** Albergue; **San Mamede:** neue, sehr ordentliche Albergue; **Sarria:** 9 Albergues, div. Hotels, Bars, Apotheken, viele Läden

Leicht

A: 23 km
B: 17 km
C: 23 km

A: 7 Std.
B: 5 Std.
C: 7 Std.

In Triacastela haben Sie zu entscheiden, ob Sie über San Xil und Fontearcuada den etwas kürzeren Weg oder die etwa 6 km längere Strecke über Samos mit seinem berühmten Kloster (mit Albergue) nach Sarria gehen wollen. Daher sind am Ortsende gelbe Pfeile sowohl nach rechts (San Xil) als auch nach links (Samos) auf die Straße gemalt.

KOMPASS INFO

Sarria
Funde belegen, dass Sarria schon vor den Römern existierte. Die gut zu sichernde Lage auf einem Hügel zwischen zwei Flüssen mag dies über die Jahrhunderte befördert haben. König Alfonso IX. begründete dann im 12./13. Jh. die heutige Siedlung neu. Romanische Kirchen und die Reste der etwa 800 Jahre alten Burg sind noch zu sehen. Sarria ist eine lebhafte Stadt mit Bahnlinie, vielen Geschäften, Hotels und mehreren Albergues – ein interessanter Ort für einen Stopp.

Variante A: Über Samos
Am Ortsende von Triacastela nimmt man links die LU-633. In einer S-Kurve geht man hinter die Leitplanke, um die nachfolgende Brücke auf einem Fußgängersteg zu überqueren. Der nächste Ort heißt San Cristovo do Real (UTM 641373/4733443, schöne alte Häuser). Bei der Kirche biegt man rechts ab über die Brücke des Rio Sarria. Nach dem letzten Haus geht man an der Friedhofsmauer entlang. Ein Stück weiter gabelt sich der Weg: nehmen Sie den rechten etwas erhöhten Zweig. 50 m nach Erreichen der LU-633 biegt man gleich wieder rechts in das Tal ab. Man kommt zurück zum Fluss, den man überquert. Nach der Flussbrücke hält man sich links.

Variante A und C

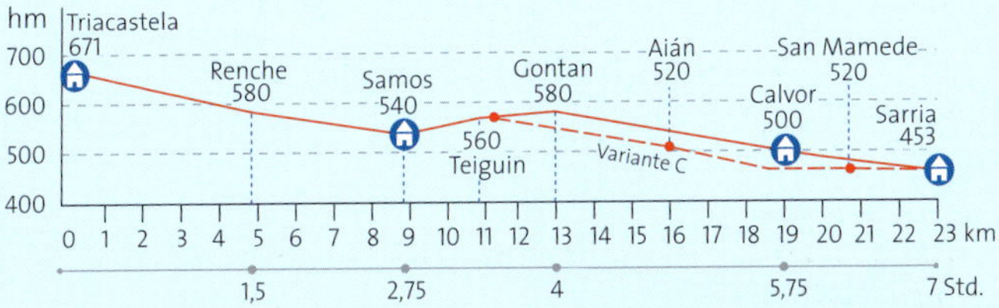

Variante B

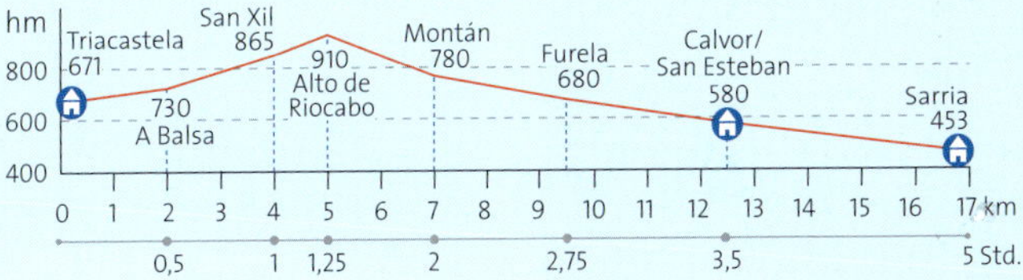

Die LU-633 führt nach Samos, ein Abschneider (markiert) indessen ebenfalls.

Das UTM des Klosters in Samos lautet 637095/4732254. Man verlässt Samos auf der LU633 Richtung Sarria, kommt nach Teiguín und biegt kurze Zeit später bei UTM 635470/4731797 rechts nach Pascais (Steigung) und weiter Richtung A Veiga de Reiritz, Sivil und Calvor ab. Man kann auch an der LU-633 bleiben und direkt nach Sarria wandern (etwas kürzer).

Am ersten Grundstück von Pascais biegt man links in einen steinigen Kuhweg – sehr unschön zu laufen, jedoch als Pfad reizvoll. Bei starkem oder längerem oder besonders bei starkem längerem Regen bleibt man besser unten auf der

Burgruine Sarria (13. Jh.)

Horreo, ein galizischer Erntespeicher.

LU-633. Sonst kann dieser Weg zur Quälerei und Schlammschlacht werden.

Bei UTM 635350/4732907 kommt man an eine romanische Kirche mit einem Friedhof. Auch sie ist verschlossen. An dem Gotteshaus biegt man links ab in das Wäldchen hinunter. Wunderschön!

Ein Stück talwärts muss man auf die gelben Pfeil achten, die auf Felsplatten gemalt sind: der Camino biegt scharf rechts in einen Trampelpfad ein. Bei UTM 634617/4733272 kommt man an ein Kirchlein und an zwei, drei Häuser. Dort geht man rechts und biegt 50 Meter weiter links in einen Trampelpfad ein. Schließlich kommt man auf ein Asphaltsträßchen, angenehm im Schatten von hohen Eichen und in einer Flussaue. Vor einem gepflegten Anwesen mit einem großen schmiedeeisernen Tor geht man rechts. Vor der nächsten Flussbrücke (UTM 634604/4734632) des Rio Ouribio, auch Rio Sarria genannt, steht eine Brückenfigur aus dem Jahre 1840. Ein Stück nach der Flussüberquerung folgen Sie dem Wegweiser Sivil. Bei UTM 634864 /4735834 erreicht man die fünf oder sechs Häuser von Sivil und hört hier zur Abwechslung das Blöken von Schafen anstatt des Muhens von Kühen. Die Viehzucht hat gewechselt.
1,5 km weiter kommen Sie nach

KOMPASS INFO

Kloster Samos ist eines der ältesten und größten Klöster Spaniens, ein gewaltiges Areal, das man mit (allerdings kostenpflichtiger) Führung unbedingt besuchen sollte. Das Monasterio de San Julian y Santa Basilisa, dessen Mönche und Nonnen (!) seit ungefähr tausend Jahren nach der benediktinischen Regel leben, wurde schon in der Frühzeit des Christentums (6. Jh.) begründet. In dem riesigen Bau vereinen sich Romanik (Kreuzgang 12. Jh.), Gotik, Renaissance, Barock und viele sonstige An-, Um- und Ausbauten. Seit Schaffung des Jakobsweges war es auch immer eine gastliche Stätte für die Pilger, sofern diese nicht über die kürzere Route San Xil zogen. Wer heute von Triacastela hergewandert kommt, hat kurz vor Samos einen sehr schönen Blick von oben auf das majestätische Kloster.

Perros (UTM 634541/4736638) und gehen an einer kreuzenden Straße geradeaus. 100 m weiter halten Sie sich an einem Wegedreieck schräg rechts. Am letzten Haus des Dorfes gibt es eine Wasserstelle.

Sie unterqueren eine Straßenbrücke, gehen geradeaus zwischen zwei alten Bauernhäusern hindurch, anschließend die Dorfstraße nach links und dann nach Sarria. Dort findet man eine Touristinformation gleich am Ortseingang (Stadtplan besorgen!). Achten Sie unbedingt auf die gelben Pfeile und eingeritzten Muscheln im Gehweg. Es ist schwierig, den Weg durch eine größere Stadt zu beschreiben, weil der Wanderer sehr schnell einen Abzweig übersieht und auf einmal nichts mehr stimmt. So auch in Sarria.

KOMPASS INFO

Horreos sind schmale Getreidespeicher, die immer auf hohen Säulen stehen und so konstruiert sind, dass weder Vögel noch Mäuse noch Ratten an die Ernte herankommen können. Auf die Säulen werden kapitellartige große Steine gelegt (Mäuse können nicht über Kopf klettern), und erst darauf kommt der eigentliche Speicheraufbau.

Diese „Brücke“ liegt sicherlich schon ein paar hundert Jahre.

Wenn Sie schon bald an dem großen unübersehbaren Hotel Alfonso IX*** vorbeikommen, sind Sie auf jeden Fall richtig gegangen. Bei der Hotelzufahrt geht es geradeaus über eine Brücke. Man kommt an ein T-Stück bei der Rúa Benigno Quiroga, der man rechts folgt und dann sofort links den Berg hinauf abbiegt. Danach heißt es Treppen steigen. Bevor sie die Treppen zu der Oberstadt erklimmen, ist an der Straßenecke ein kleines, aber feines Sportgeschäft, in dem Sie Teile, die Sie unterwegs vielleicht verloren oder vermisst haben (schnell trocknende Hemden, Poncho, Stöcke, sogar Diafilme), mit professioneller Hilfe ergänzen können. Wir erwähnen dies besonders, weil Sie unterwegs kaum Sportgeschäfte finden. Gehen Sie nun vollends hinauf in die Altstadt (UTM Rúa Maior 629673/4737309), wo Sie Übernachtungsmöglichkeiten, Bars usw. finden. Die gibt es auch vorher in der Unterstadt reichlich.

Variante B: Über San Xil

Landschaftlich genauso schön, aber eben ohne einen „Paukenschlag" wie das Kloster Samos, ist der Weg von Triacastela via San Xil, Fontearcuda und Calvor nach Sarria.

In Triacastela geht man, durch Markierungen gut geführt, am Ortsende rechts Richtung San Xil / Montán. Man überquert einen Bach und kommt 1 km weiter nach

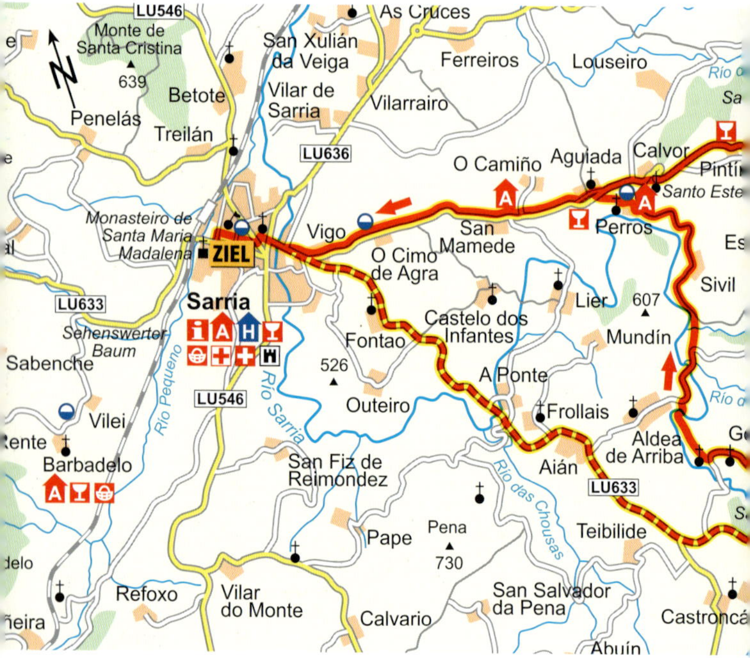

KOMPASS

0 900 m

A Balsa, wo der Asphalt endet und ein Anstieg beginnt.

Wenn man schließlich auf ein Asphaltsträßchen stößt, kommt man an einem Pilgerbrunnen vorbei und nach leichtem Anstieg nach San Xil, das links liegt. Man geht weiter und erreicht den Alto de Riocabo mit schönem Ausblick. Kurz vor dem Pass biegt man rechts ab auf eine „Corredoira", einen alten Verbindungs- und Viehtriebweg. Man kommt an Montán vorbei. Später geht man in einer scharfen Linkskurve (auf Markierungen achten) geradeaus auf einen Pfad und schließlich in einen Hohlweg. Bald darauf kommt man nach Fontearcuda. Man trifft auf eine Asphaltstraße, der man etwa 50 m nach rechts folgt und dann links abbiegt: der nächste (nasse?) Hohlweg wartet. Man steigt in das Tal hinab und kommt auf der anderen Seite nach Furela und dann nach Pintín und Calvor (Albergue etwas außerhalb). Danach treffen die Routen A+B zusammen (Reststrecke nach Sarria siehe Route A).

Variante C: Über Samos und Aián
Gehen Sie von Triacastela wie bei A. beschrieben via Samos bis zu dem Abzweig hinter Teiguín und bleiben dann immer geradeaus an der LU-633, vorbei an Aián, bis Sie nach Sarria kommen.

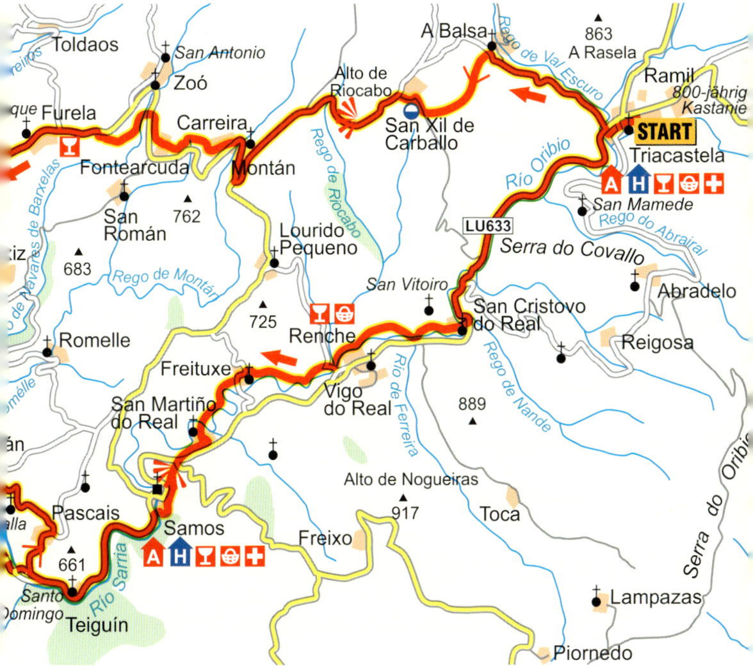

33. Tag: Sarria – Portomarin

Corredoiras und eine umgesiedelte Stadt

Ausgangspunkt: Sarria | **Charakter:** Ein paar Steigungen, insgesamt jedoch eher einfach | **Unterkunft/Einkehr: Barbadelo:** 2 Albergues, Tienda; **Rente:** angenehme Casa Rural mit gutem Essen (Anmeldung empfohlen Tel.982187854); **Morgarde:** Albergue, Casa Rural, Bar; **Ferreiros:** Albergue, Bar; **Mercadoiro:** Albergue (mehrere Nächte möglich), Bar; **Portomarin:** 4 Albergues, Hostals, Hotel, Bars, Apotheke, Läden

Leicht | 21 km | 6 Std.

In Sarria gehen Sie aus der Altstadt die Rúa Maior hinauf, vorbei an der Iglesia de San Salvador (13. Jh.) und dem alten Burgturm (13. Jh.) mit einer Wasserstelle davor und biegen dort rechts ab. Sie kommen zu den Markthallen (links) und haben einen sehr schönen Ausblick auf die Stadt. An dem prächtigen Klostergebäude des Monasteiro de Santa María Madalena (gegr. 1200) mit romanischen und gotischen Elementen biegen Sie links zum Friedhof hin ab. Kurz hinter dem Kilometerstein 110,5 km biegen Sie links ab, überqueren die uralte Ponte Áspera und gehen wenig später links an einem Bahngleis entlang. Bei UTM 628415/4736932 überquert man einen Bahnübergang und geht links weiter. An einer Furt – für Fußgänger gibt es einen Holzsteg – biegt man rechts ab. Der Weg durch den Auwald mit Pappeln, Holunder, Eichen, Brombeeren und Brennnesseln ist, besonders an einem frühen Sonnenmorgen, wunderschön. Nach einem kurzen Stück Weges kommt man zu einem Methusalem von Baum.

Ab hier geht es steil bergauf. Oft sammelt sich durch die unterschiedlichen Gehgeschwindigkeiten eine lange Schlange von steigenden Pilgern an. Bei dem ersten Grundstück in Feldern und Wiesen biegt man rechts ab (UTM 627645/4736445).

KOMPASS INFO

Barbadelo
Die romanische Benediktinerkirche Iglesia de Santiago de Barbadelo (UTM 29T 626798 / 4735943) ist eine einschiffige Hallenkirche mit einem geschnitzten Barockaltar und stammt aus dem 12. Jahrhundert. Sie ist seit 1835 ein Priorat von Samos. Die Ursprünge gehen bis in das 9. Jh. zurück.

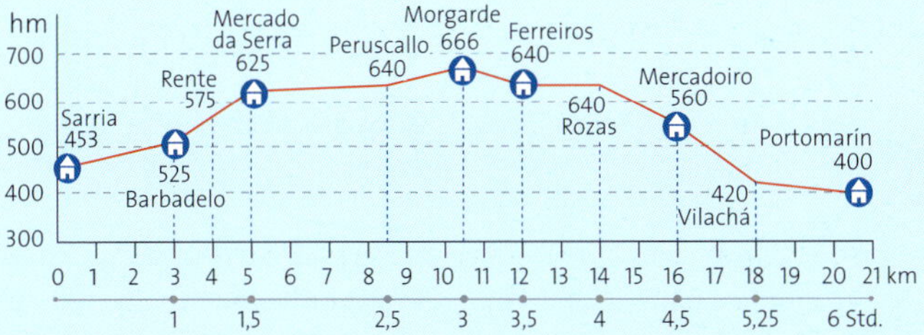

Bei UTM 626784/4735989 steht der Kilometerstein 107,5 „Barbadelo". Ein Stück weiter finden Sie in einem Wohnwagen eine Tienda und wenig später die Albergue. Ein kurzer Abstecher vorher zu der Kirche Iglesia de Santiago (links) lohnt sich.

Bei UTM 626203/4736296 biegt der Jakobsweg an einer Reihe von Werbeschildern schräg links ab. Nach einer Weile kreuzt man bei Mercado (UTM 625428/4736515) eine Landstraße und biegt dann halb rechts in einen alleenartigen Dorfweg ein. Einen guten Kilometer weiter kommt man bei Mouzós (UTM 624208/4737183) an die Landstraße Sarria-Portomarin (LU-633) und folgt dem Wegweiser Peruscallo. Dort, etwa 2 km hinter Mouzós, gibt es die romanische Kirche Sta. María de Velante. Achten Sie fortan auf die galizischen Getreidespeicher: Ein paar Säulen, darauf große, überstehende Steinplatten gegen die Mäuse und darauf das

Sarria: Monasteiro de Santa Maria Magdalena (gegr. 1200)

KOMPASS INFO

Portomarin
Der lebendige (Urlaubs-) Ort oberhalb des großen Stausees von Belesar ist künstlich entstanden, als man Mitte der 1950er Jahre beim Bau der Staumauer den mittelalterlichen Ort aus dem Flusstal an den Hang hinauf verlegte und z.B. die große mittelalterliche Kirche San Nicolás (12. Jh.) Stein für Stein ab- und oben wieder aufbaute. Der Turm gleicht einer Burg und hatte wohl auch diese Funktion. Beachten Sie die große Rosette. Bei großer Trockenheit kommen manchmal noch die alte Brücke und Reste früherer Gebäude aus dem See zum Vorschein. Die neue Brücke, über die auch Sie gelaufen sind, wirkt dann wie Hochseilakrobatik.

gemauerte, luftdurchlässige Kornlager, unerreichbar für die Nager. Bei Lavandeira Casal kreuzt man eine Asphaltstraße und geht geradeaus auf einem schmalen Weg weiter. Auch in diesem Dorf gilt wie in so vielen anderen Orten: auf die gelben Pfeile achten. An dem letzten Bauernhof geht man schräg rechts talwärts. Wenige hundert Meter nach einer Bar am Ortsende von Morgade gabelt sich der Weg. Sie müssen ein klein wenig rechts bergab gehen. Danach folgt eine Corredoira mit Trittsteinen in der Mitte, was zeigt, dass hier manchmal gewaltig viel Wasser fließt. 1,5 km hinter Morgade kommt man in den nächsten Ort Ferreiros.

Bei Km-Stein 96,5 (UTM 618456/4737870) biegt man in einer weiten Linkskurve schräg rechts in einen Kiesweg ein und später bei UTM 617306/4738264 (Stein 95 km, Cotarelo Mercadoiro) von der Landstraße schräg links in einen Schot-

terweg ab. 500 m weiter erreicht man Moutras (UTM 616905/4738425). Nun gehen Sie eine Weile an der Landstraße entlang, bis Sie zu einem Wegweiser „A Tellada“ kommen. Links steht ein Betonhäuschen, 10 m daneben ein Betonkreuz. Hier gehen Sie in den breiten Kies-Feldweg. Bei UTM 615206/4738935 schwenkt man von einer kleineren Landstraße hinter einem Kiefernwald rechts in einen breiten Feldweg ein.

Am Kilometerstein 91,5 biegt man innerorts links und 30 m weiter schräg rechts ab. Schließlich kommt man zu der Brücke von Portomarin (UTM 613136/4740010) und geht in die Oberstadt. Zwei private Herbergen befinden sich am Ortsanfang links, die große Junta-Herberge durch den Ort geradeaus nach der Kirche und eine weitere „Private“ 150 m von der Junta-Albergue entfernt.

„Corredoira mit Trittsteinen: hier fließt manchmal viel Wasser“.

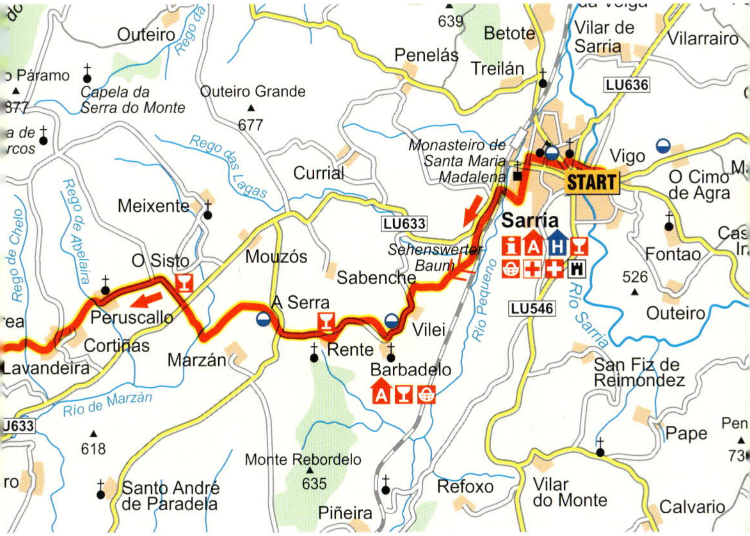

34. Tag: Portomarin – Palas de Rei

Im Land der Corredoiras

Ausgangspunkt: Portomarin | **Charakter:** Mittelschwer, da ein bisschen lang und rauf-runter-rauf | **Unterkunft/Einkehr: Gonzar:** 3 Albergues, Bars; **Castromaior:** Hostal (klein), Bar; **Hospital de la Cruz:** Albergue, Hostal, Bar; **Ventas de Narón:** 3 Albergues, 2 Bars; **Ligonde:** 2 Albergues, Hostal; **Eirexe:** Albergue, Hostal; **O Porto:** Albergue; **Lestedo:** Albergue, Casa Rural; **Palas de Rei:** 3 Albergues, Hostals, Apotheke, Bars, Läden

Mittelschwer | 24 km | 7 Std.

Aus Portomarin geht man die Hauptstraße geradeaus bergab. An der Einmündung der C-535 spaziert man auf einem rot-weiß gewürfelten Bürgersteig scharf links bis zum Ende des Geländers. Hier wenden Sie sich nach rechts und gehen über die Fußgängerbrücke über den Nebenarm des Stausees. Hat man diese Abkürzung versehentlich verpasst, kann man 100 m weiter die Straßenbrücke benutzen. Am Ende des Fußgängerstegs geht man rechts und darf dann erst einmal steigen. Gehen Sie später am Km-Stein „89" links weiter bergauf (UTM 612701/4740105). Wenn Sie aus dem Wald heraustreten, lassen Sie einen von links kommenden Weg unbeachtet und gehen geradeaus weiter. Bald haben Sie etwa 90 Höhenmeter gegenüber dem See gewonnen – nicht schlecht für den frühen Morgen.

Abendstimmung am Stausee bei Portomarin.

Einige Zeit später kommen Sie an die Landstraße C-535, die Sie auf die rechte Seite, später wieder nach links kreuzen. Sie bleibt für etliche Kilometer Ihr Begleiter.

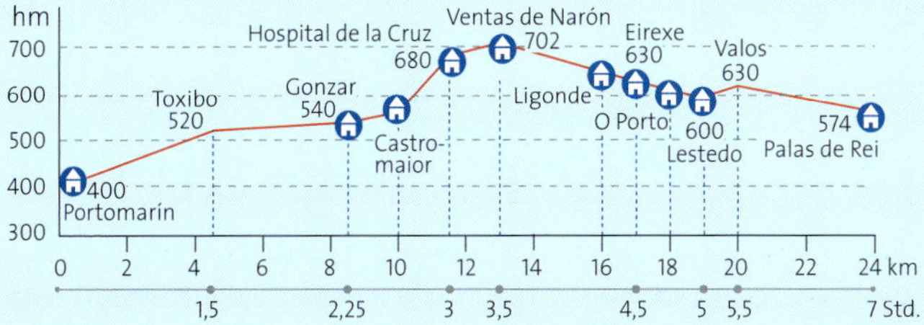

Bei UTM 606490/4742424 (Gonzar) biegt man hinter einer Bar links ab und geht 100 m weiter wieder rechts, kommt nach Castromaior (Bar, Übernachtungsmöglichkeit) und schließlich zurück an die C-535.

Bei UTM 603454/4743909 kommen Sie nach Hospital de la Cruz (Albergues, Bar). Halten Sie sich rechts und überqueren die N-540 auf einer größeren Straßenbrücke (UTM 603450/4744066). Man verlässt die Brücke links und geht 100 m weiter schräg rechts bergauf.

Zwei weitere Albergues und Bars gibt es bei UTM 602351/4744255 (Ventas de Narón) und, links abbiegend, noch eine weitere Albergue. Eine halbe Stunde später tragen der Km Stein „75" und ein einzelner Bauernhof an der Straße den Namen Prebisa.

Die nächste Albergue Ligonde hat ein UTM 599549/4746014. Eine zweite Albergue am Ortsende hat ein UTM 599454/4746136. Genau hier führt der Weg links in die Wiesen. Umgehen Sie diesen schmalen Hohlweg bei Regenwetter, indem Sie auf der Asphaltstraße bleiben. Sie kommen bald nach Eirexe (Albergue, Bar) und kreuzen 1 km weiter die Land-

Kirche in Portomarin: St. Nicolás (12. Jh.).

KOMPASS INFO

Vilar de Donas
Die Anfänge des Nonnenklosters und damit der Kirche reichen wahrscheinlich in das 10. oder 11. Jh. zurück. Dafür spricht, dass es bereits in der 2. Hälfte des 12. Jh. an den Jakobsorden gelangte. Das einschiffige Gotteshaus hat schöne gotische Malereien aus dem 15. Jh. und reiche romanische Ornamentik an Portal und Fassade. Es diente als Grablege von Jakobsrittern.

straße Marco – Monterroso (UTM 598191/ 4746906). Gehen Sie geradeaus weiter. Schon 1,5 km weiter vor Lestedo finden Sie die nächste Albergue und Bar. Dort zweigt auch der Abstecher zu der sehenswerten romanischen Klosterkirche Vilar de Donas (11.Jh.?) ab (UTM 597270 / 4747478).
Sie kommen bei Km-Stein „69,5“ nach Valos und kurz darauf nach Mamurria. Nach dem Ort erreichen Sie die N-547 und 1 km weiter den Alto do Rosario (km-Stein „67,5“, UTM 594350/4747506). Wenig später biegen Sie von der Nationalstraße nach O Rosario ein und sind bald darauf in Palas de Rei. Die erste Albergue steht gleich am Ortseingang ein wenig außerhalb. Die zweite und dritte Herberge finden Sie in der Stadtmitte am Camino. Um von der ersten Albergue in die etwa 1 km weiter unten liegende Stadt zu gelangen, geht man geradeaus eine Schotterstraße entlang. Nach 750 m biegt man an einer Bar links ab zu einer Kirche, steigt die Treppen hinab und kreuzt die nachfolgende Hauptstraße. 100 m weiter findet man die zweite Herberge (UTM 592364/4747362), abermals 100 m weiter die nächste private Herberge, den Marktplatz, Bars, Apotheken und viele Läden.

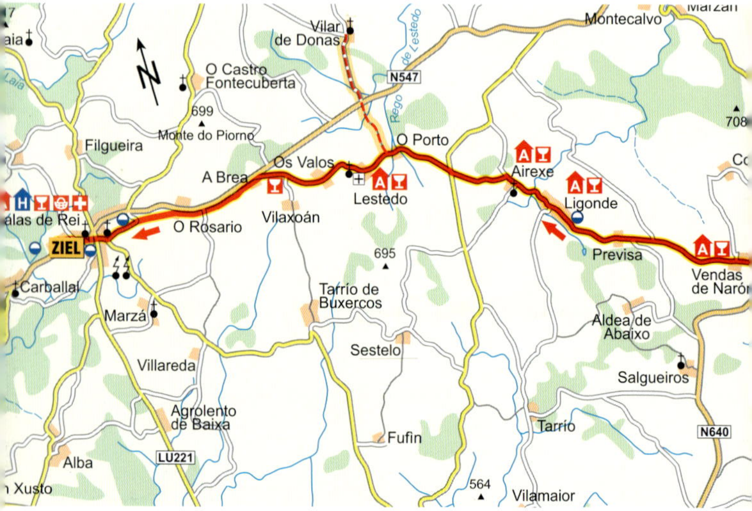

0 1200 m

Galicien, ein Land mit viel Wasser: Furt mit Trittsteinen.

35. Tag: Palas de Rei – Arzúa

Ein langer Ritt durch eine schöne Landschaft

Ausgangspunkt: Palas de Rei | **Charakter:** Herrlich zu laufen, jedoch wegen der typisch galizischen Hügelstrecken und der Länge relativ schwer | **Unterkunft/Einkehr: San Xulián:** Albergue, Bar; **Ponte Campaña:** Albergue, Bar; **Casanova:** Albergue; **Leboreiro:** Albergue; **Melide:** Albergue, Bars, Hotels, Apotheke, viele Läden, Post, Erste Hilfe, Banken; **Rivadiso de Baixo:** Albergue (zauberhaft gelegen), Bar, Pension**; **Arzúa:** Albergues, Hostals, Hotel, Bars, Supermärkte, Bank, Post, Apotheke, Läden

Mittelschwer | 29 km | 9 Std.

Folgen Sie vom Marktplatz in Palas de Rei den Jakobsweg-Markierungen. Sie kommen schließlich an ein T-Stück, an dem Sie links abbiegen. An der nächsten Straßengabel bei einer modernen Pilger-Beton-Plastik geht man abermals links. Man stößt dort auf die N-547. Kurz hinter dem Ortsende-Schild sehen Sie, wenn Sie in einer weiten Linkskurve ein wenig von der Nationalstraße abbiegen, eine große Tafel mit einer recht interessanten Grafik, wie die heutige Nationalstraße und der frühere Camino verlaufen.

In einem kleinen Waldstück müssen Sie bei UTM 590650/4747184 scharf nach links abwinkeln. U-förmig führt der Weg zurück zur N547, die man überquert und dann auf der linken Seite der Fahrbahn hinter der Leitplanke weiter wandert. An einem Parkplatz hinter Carballal verlässt man bei die Nationalstraße nach links in einen Waldweg. Nach einer interessanten Wegeführung durch ein Moorgewässer kommt man auf ein Asphaltsträßchen, geht rechts und ein paar Meter weiter links – alte Richtung. Danach wandert man nach San Xulián (UTM 589695/4747460).

Ein Stück weiter in A Graña kreuzen Sie eine kleine Asphaltstraße.

KOMPASS INFO

San Xulian
In dem Dorf steht eine der vielen romanischen Kirchen dieser Gegend. Sie ist zwar verschlossen, jedoch kann man von ihr und etlichen Horreos (Getreidespeicher) im Ort schöne Fotos machen. Kurz zuvor steht eine zauberhafte kleine Albergue mit Bar, die den Pilger mit Weihrauchdüften freundlich begrüßt.

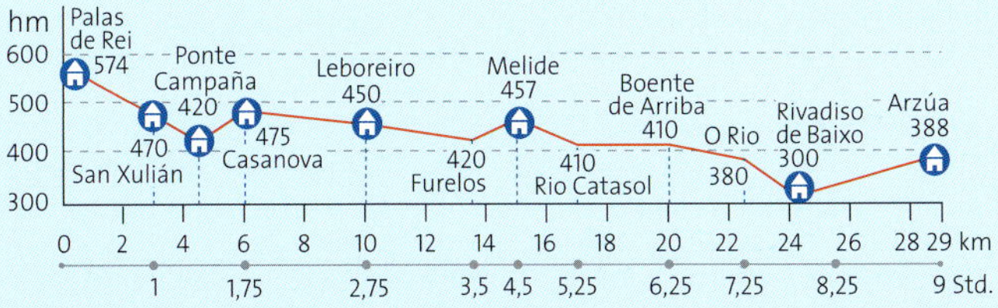

Von nun an geht es bergab. Nach 1 km kommt Porto de Bois, etwas später Campanilla. Sie kommen schließlich an eine Bar „Die zwei Deutschen" (die aber Spanier sind) und gehen geradeaus in einen Hohlweg. In Ponte Campaña gibt es bei UTM 588672/4747858 die nächste Albergue und Bar. In einer Linkskurve der Straße geht man bei dieser Albergue geradeaus weiter. 100 m weiter steht der Stein „Km 61" nach Santiago.

Wenig später kommt man nach Casanova (was nichts mit dem berühmten Italiener zu tun hat). Auch hier gibt es am Ortsende ei-

Im duftenden Eukalyptuswald.

ne Albergue, jedoch weder Bar noch sonstige Einkaufsmöglichkeiten. Kurz hinter Casanova nimmt man an einem T-Stück die Straße nach rechts und biegt 150 m weiter am Stein „59,5" (UTM 587235/4748039) links ab. In Desecabo ist der Camino an einer Wegegabel mit Kopfsteinpflaster versehen, dem man nach links folgt.

Fortan werden Sie gelegentlich an solche kurzen mit „Katzenköpfen" gepflasterten Stellen kommen, die Ihnen die Richtung zeigen. Später finden Sie bei UTM 582777/4750243 eine Wasserstelle an einem Industriegelände.

Bei UTM 581949/4750814 biegt man von der Asphaltstraße schräg rechts in den Wald hinunter ab. Interessant: Bei Furelos erreicht man eine mittelalterliche Brücke mit der Iglesia de San Juan und einer Bar an der anderen Flussseite. Vielleicht begrüßt sie der Pfarrer vor der Brücke – das macht er öfter. Wenig später ist man in Melide. Dort geht man mehr oder weniger

Die historische, am Rio Iso gelegene Albergue in Rivadiso.

immer geradeaus und folgt dann schräg rechts einer mit großen Felsplatten gepflasterten Straße. In der Stadtmitte stehen zwei schöne romanische Kirchen. An der Plaza Mayor biegt man rechts ab und geht nach weiteren 50 m schräg links. Nochmals 50 m weiter biegt man in die Rúa San Pedro ein, die nicht zu der Kirche San Pedro führt. Wenn Sie zur Albergue möchten, biegen Sie kurz vor dem steilen Anstieg zum Friedhof nach rechts ab. Den Camino müssen Sie geradeaus bergauf bezwingen. Nach einer kleinen Weile kommen Sie an eine Fernverkehrsstraße, die Sie kreuzen. Achtung! Bei UTM 579644/4751412, etwa 250 m hinter dieser Straße, müssen Sie an einer eigentlich unscheinbaren Stelle mit außergewöhnlich vielen elektrischen und Telefonkabeln über der Straßenkreuzung nach rechts zu der mittelalterlichen Kirche Santa Maria abbiegen. Zu ihr gehörte früher ein Pilgerhospital. Rund 150 m weiter findet man noch einen alten Waschbrunnen. Man kommt nach Carballal.

Merken Sie etwas? Der Duft der Luft hat sich verändert: Sie sind in einem Eukalyptuswald. Bei km-Stein 48,5 biegen Sie an einer Weggabelung schräg links ein. Sie kommen an einen Wegweiser „Barreiro 800 m“, bei dem Sie links in den Wald abbiegen. In einer Linkskurve der Asphaltstraße 700 m später (UTM 576789/4751847) gehen Sie geradeaus in einen breiten Forstweg. Sie kommen an einen Wegestern (UTM 575723/4751901), an dem Sie links gehen. Jetzt sind Sie 20 km seit Palas de Rei gelaufen. Sie kommen in Boente de Arriba an die N-547 und an den Brunnen „Fonte da Saleta“. Bei der Kirche biegt der Camino rechts ab und führt 30 m weiter links durch das Dorf. Das ständige mehr oder weniger moderate Auf und Ab Galiziens verlässt uns auch hier nicht. An Wegweisern „Rio/Doroña/Villantime“ schwenkt der Camino bei UTM 573649/4752844 links ab. Allerdings darf man nicht Richtung Villantime gehen, sondern muss innerörtlich auf Geradeaus-Kurs bleiben. Bei UTM 571780/4753361 kreuzt man die N-547. Man kommt, wiederum auf hellem Kopfsteinpflaster, an die alte Nationalstraße, deren Kilometerstein noch steht. Nun geht es steil hinunter nach Rivadiso de Baixo, UTM 570913/4753463 (historische Albergue, wunderschön am Rio Iso gelegen). Nach der romanischen Brücke geht man geradeaus weiter bis zu einem T-Stück. Sollte die Albergue überfüllt sein, könnte man hier rechts zu einer Pension** gehen. Der Jakobsweg indessen führt links weiter und unterquert die Nationalstraße. 50 Meter nach dem Tunnel biegt man scharf rechts ab und kommt bald nach Arzúa. Am Ortsschild Arzúa, 2 km weiter, steht linker Hand ein Hostal/Bar. Der eigentliche Ort liegt weiter voraus.

Ein paar hundert Meter weiter betreten Sie die Stadt, in der Sie 4

KOMPASS INFO

Arzúa
In dem recht munteren Städtchen finden Sie mehrere Albergues, Hostals, Läden und alles, was das Herz begehrt. Es handelt sich um einen uralten Ort schon aus der Anfangszeit der Pilgerbewegung und wahrscheinlich noch älter, in dem noch heute zwei romanische Kirchen stehen.

Kleine Gruppen, große Gruppen. Aber oft ist man auf dem Camino auch ganz allein.

Albergues, Bars, Tiendas, Apotheke, Supermärkte, Banken usw. finden. Sollten Sie in Rivadiso übernachtet haben, werden Sie in Arzúa nicht überall aufgenommen, jedenfalls nicht in der Junta-Albergue. Zu den Herbergen in Arzúa gehen Sie bei UTM 568512/4753067 vor einer Información Turistica schräg links in die Rúa Cima do Lugar, wo die Albergues mehr oder weniger nacheinander liegen. Sogar zum Ortsausgang hin gibt es noch eine weitere Albergue.

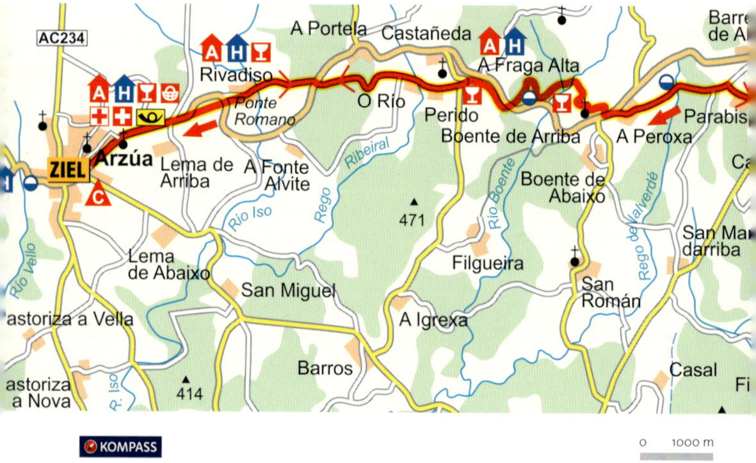

Picón
746
517
Laia
Río de Laia
Penagundín
Cuíña
Rego de Pías
Fermil
Castro
Monte do Castro
703
Filgueira
A Penela
Ambreixo
Vilar de Ulloa
O Rosar
Saa
Orosa
Palas de Rei
San Pedro
START
563
Romanische Brücke
N547
Casanova
Campanilla
Carballal
Ponte Campaña
San Xulián
Marzá
Seco
O Coto
Porto de Bois
Andemil
Pambre
Rego deo Vilar
LU221
O Vilar
Río
Agrolento de Baixa
Rubín
Alba
Leilón
San Xusto

546
do Picón
746
Garceiras
Penagundín
R. Grande
Furelos
Río
Fondevilla
AC840
Forte Vello
Castro
Monte do
703
Rego Sandeón
Priorada
Melide
San Xoán
Santa María
Mittelalterliche Brücke
N547
Orosa
Parque Empresarial de la Madalena
Furelos
Carballal
R. Furelos
Romanische Brücke
N547
Río Catasol
Piñor
Desecabo
Campanilla
Seco
O Leboreiro
O Coto
O Real
M e l i n d e
d e
Rego deo Vilar
T e r r a
Teillor
Vimianzo
Río
A Vacariza
San Martiño
Castro
Mirce
Pousada
PO840
Lagoa de Quintas
468

36. Tag: Arzúa – Pedrouzo/Arca

Spazierwanderung für Genießer

Ausgangspunkt: Arzúa | **Charakter:** Einfach, trotz einiger Steigungen, wie in Galizien üblich | **Unterkunft/Einkehr: Calle:** mehrere Bars; **Salceda:** Bars, Apotheke; **Empalme:** Bar, Restaurant; **Santa Irene:** 1 Albergue im Ort, 1 Albergue danach an der N-547; **Rúa:** Hotel, Casa Rural; **Pedrouzo/Arca:** Albergue, Bars, Hostals, Hotel, Supermarkt, Apotheke, Läden

Leicht | 19 km | 5 Std.

Von den Herbergen in Arzúa geht man zu der Plaza Major, biegt links und ein wenig später rechts ab und wandert mehr oder weniger geradeaus immer nach Westen, also morgens mit der Sonne im Rücken. Schnell ist man wieder im Grünen.

Bald kommt man nach As Barrosas. In Preguntoño halten Sie sich bitte rechts. Die N-547 muss wenig später unterquert werden. Eine Weile später kommen Sie bei UTM 565219/4753099 inmitten von Wiesen und Wald an einen Wegestern. Gehen Sie schräg links über den munter fließenden Bach bergauf. 50 m weiter steht der Jakobus-Wegestein 33,0 km. Nach weiteren 500 m kommt man bei UTM 564648/4753069 an eine Teerstraße, die man überquert und geradeaus weitergeht. Bei UTM 563319/4752832 kreuzt man eine asphaltierte Dorfstraße in Calzada. Nach abermals etwa 2 km (uriges Calle) kommt man an eine Bar und hält sich am ersten Gehöft links, 100 m weiter dann rechts. Dort geht man einen schmalen mit sehr großen Felssteinen gepflasterten Hohlweg zwischen den Häusern hindurch, bis man auf ein Teersträßchen kommt und diesem bergab folgt. Schon steht dort die nächste Bar. Gehen Sie links. Sie überqueren, immer noch innerorts, eine frühere Furt, jetzt per Trittstein, und biegen unmittelbar dahinter schräg rechts abermals in eine Art Hohlweg zwischen Häusern.

Nach etwa 1 km kommen Sie an eine querende Landstraße und biegen 100 m weiter (UTM 560869 /4752326) schräg links auf eine Schotterstraße ab. Sie stoßen bald auf ein schmiedeeisernes Tor. Gehen Sie hier in einem Schlenker links-rechts in den Eichenwald hinein. Bei Km 26,3 kommt man nach Salceda (UTM 559312/ 4752819). Hier gibt es 2 Bars und eine Apotheke.

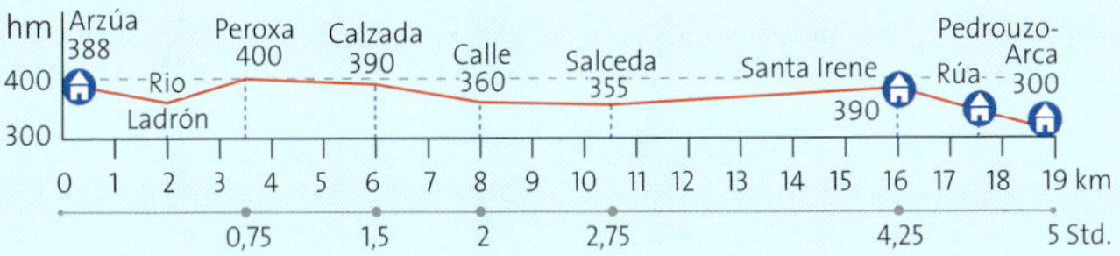

Bei UTM 557918/4752642 wechselt man bei dem Betriebshof eines Traktoren-Händlers auf die linke Seite der Nationalstraße. Vorsicht: Die Überquerung liegt hinter einer unübersichtlichen Kurve. Nachdem man bei Ras die N-547 wieder nach rechts gequert hat, kommt man am Km-Stein „23,5“ (UTM 556804/4752082) nach Brea. Bald geht es an der N-547 weiter. Eine Wasserstelle finden Sie an einem Rastplatz bei UTM 555739/ 4751771. Dann kommen Sie an den Alto de Santa Irene – links eine Bar und eine abzweigende Landstraße – und wechseln danach am Beginn der Leitplanke nach rechts. Wenig später unterqueren Sie die Nationalstraße in einem Tunnel und gelangen nach Santa Irene (je eine Albergue im Ort und danach an der Nationalstraße bei UTM 554207/4751956, dort ist auch ein

Große Junta-Herberge in Pedrouzo/Arca, nachmittags kurz vor der Öffnung.

KOMPASS INFO

Eukalyptus
Im Wald duftet es plötzlich vertraut: Eukalyptus. Sie werden besonders westlich von Santiago de Compostela mehr und mehr Eukalyptuswälder finden. Eukalyptusbäume und -büsche sind immergrüne Pflanzen, die hauptsächlich in Australien vorkommen, jedoch auch in den Mittelmeerländern wegen ihres schnellen Wuchses und harten Holzes angepflanzt werden. Es gibt mehr als 700 Arten, die z.T. sehr hoch (> 80 Meter) werden. Ihr ätherisches Öl ist hochbrennbar und wird für vielerlei Zwecke, z.B. Hustenbonbons, verwandt. Die Bäume wurzeln sehr tief, entziehen dem Boden große Mengen Feuchtigkeit und verdrängen dadurch die meisten anderen Pflanzen und viele Tierarten. Riesige Waldbrände wie in Australien schaden dem Eukalyptus nicht, der aus den unterirdischen Teilen neu austreibt und schneller als andere Pflanzen wieder hochwächst.

Rastplatz mit Wasser). Glücklicherweise entfernt sich der Camino ein wenig vom Verkehr. Wir wandern durch schönen Mischwald, vor allem auch mit Eukalyptus. Wenn man aus dem Wald heraustritt und wieder an die Nationalstraße kommt, geht man rechts in eine Unterführung (ausgeschlagener Felsenweg). Nach den nächsten zwei Grundstücken biegt der Camino in einer Linkskurve schräg rechts ab (km-Stein 19,5; UTM 553384/4751649). Wir betreten wieder Wald. Der nächste kleine Ort heißt Rúa. Gehen Sie geradeaus durch das Dorf und treffen an dessen Ende auf den nächsten Wegweiserstein. Nach ein paar Wiesen marschieren Sie an einer Wegegabel schräg rechts und halten auf die Nationalstraße zu, auf die Sie in Burgo treffen. Wenn Sie nach Pedrouzo/Arca wollen (Albergue, Supermarkt, Bank, Bars, Läden), gehen Sie an der N-547 links einen guten Kilometer entlang. Möchten Sie hingegen direkt Richtung Santiago laufen, folgen Sie den Jakobsweg-Markierungen ge-

genüber in Richtung Wald. Die große Albergue in Pedrouzo finden Sie gleich am Ortsanfang ein wenig tiefer gelegen als die N-547. Hier endet unsere heutige Tagestour.

Früher eine Furt, jetzt Trittstein mitten im Dorf.

37. Tag: Pedrouzo/Arca – Santiago

Auf zum Schlussspurt nach Santiago de Compostela

Ausgangspunkt: Pedrouzo/Arca | **Charakter:** Nach den vielen Kilometern seit den Pyrenäen mehr als harmlos | **Unterkunft/ Einkehr: Lavacolla:** Hostal, Hotels; **Vilamayor:** Casa Rural, Bars; **San Marcos:** 2 Bars; **Monte do Gozo:** Riesen-Albergue, Kiosk; **Santiago de Compostela:** Hotel-Verzeichnis in der Touristinfo, Rúa do Vilar 43 (seitlich der Kathedrale), div. Albergues, Hostals, Hotels, Bars, Apotheken, Krankenhaus, alle Läden

Leicht | 21 km | 5,5 Std.

Von der Herberge in Pedrouzo geht man links die Nationalstraße in den Ort hinein. An der Casa do Concello (Fußgänger-Überweg, Wegweiser „Pazos/Lameiro") biegt man rechts ab und geht einen knappen Kilometer bis zu einer Rechtskurve, in der man links abbiegt und sich Richtung Wald wendet. Bereits 10 m weiter gabelt sich der Weg. Sie nehmen den linken (breiteren) Zweig. Der Km-Stein „16,9" steht in San Antón bei UTM 551396/4750611. Im Ort geht man rechts und gleich wieder links, danach geradeaus, erst auf Asphalt und dann auf einer Schotterstraße. Bei UTM 551160/4750551 biegt man im Wiesen-Ried an einer Wegegabel schräg links ab. Am Ende des folgenden Waldes macht der Weg einen Schlenker links-rechts (UTM 550476 / 4750287). Nach einer Weile kommt man nach Amenal und geht bei UTM 550070/4750338 zunächst an dem ersten großen Haus geradeaus und erst am folgenden T-Stück rechts. Der Km-Stein „14,1" steht bei Cimadevila, UTM 549125/ 4750538. Hier über-

Letztes gemeinsames Frühstück vor Santiago de Compostela.

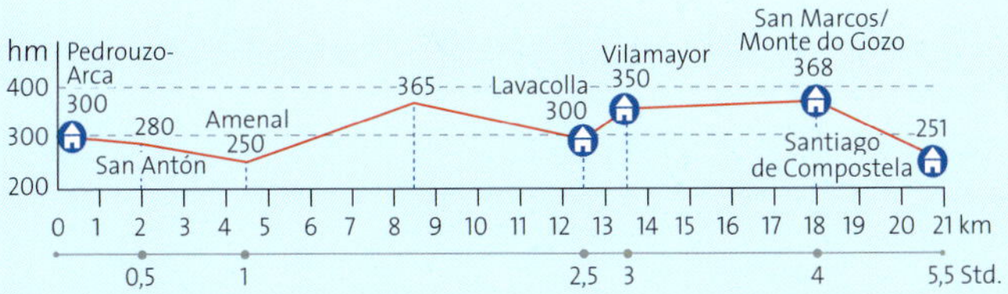

quert man eine schmale Asphaltstraße und geht weiter geradeaus bergan. Bei UTM 548776/4750565 kreuzt man, ein kleines Stück aus dem Wald heraustretend, einen Fahrweg und geht, der schon bekannten Übung folgend, in Richtung der Pflastersteine. Sie dürfen nicht den Hauptfahrweg links nehmen. Nun wandern Sie durch sehr schöne Waldlichtungen gemächlich bergauf. Plötzlich rauscht es neben Ihnen, gar nicht weit, und aus dem Farn links neben Ihnen steigt wie in einem Sciencefictionfilm ein Düsenflugzeug in die Luft. Unbemerkt sind Sie am Flughafen von Santiago angelangt. Am großen Kreisel steht zwar schon das erste Grenzschild von Santiago de Compostela, jedoch sind Sie noch längst nicht dort. Halten Sie sich links. Ein ganzes Stück weiter bei UTM 546553/ 4750565 unterqueren Sie die Nationalstraße und gehen geradeaus weiter. Sie kommen nach A Esquipa (UTM 545333/4749940) und nach Lavacolla.

Man quert eine Nationalstraße und kommt wenig später an den Wegweiser „Capela de San Roque 200 m“. Achtung: hinter dem letzten Horreo biegt man vor einer Bachbrücke rechts ab und kommt zu der Stelle, an der sich die Pilger früher wuschen. Millionen von ihnen im Laufe von mehr als 1000 Jahren! Folgen Sie der Teerstraße rechts ziemlich steil bergauf. Im nächsten Ort Vilamayor biegen Sie bei UTM 544934/4748928 innerorts rechts ab. In dem Weiler können Sie sogar übernachten (Casa Rural + Bar UTM 544826/ 4748905). Nun wandern Sie etwa 2 km weiter, kommen an den Studios eines TV-Senders (TVE = Spanisches

So ungefähr sahen Templer aus.

Unspektakulär: Santiago de Compostela vom Monte do Gozo.

Fernsehen) vorbei, biegen nach einem Industriegebäude bei UTM 542745/4748981 links ab und kommen zu den Studios des nächsten Fernsehsenders (TVG = Galizisches Fernsehen).

Sobald man eine Bergkuppe überschritten hat, geht man hinter einer S-Kurve an einer Stoppstraße rechts. Bald darauf biegt man in die Rúa de San Marcos ein, um zu dem berühmten Monte do Gozo zu kommen, jenem Berg, von dem aus die Pilger zum ersten Mal Santiago sehen. Dort steht die Capilla de San Marcos bei UTM 541301/4748680. Will man zur Albergue, biegt man links ab durch ein Wie-

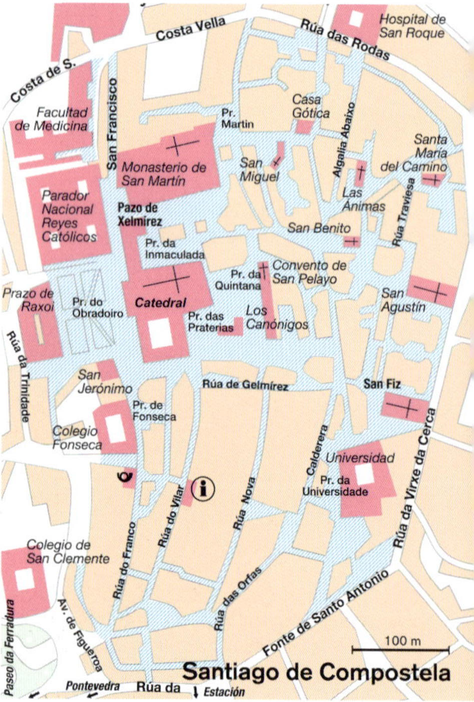

sengelände. Sonst geht man auf der Asphaltstraße geradeaus. Vor Ihnen liegt Santiago de Compostela! Von jetzt an herrscht an Bars und Betten kein Mangel mehr. Es gibt viele Hotels und Hostals, alles ist nur eine Frage des Preises. Außerdem werden Sie von vielen Privatleuten angesprochen werden, die Ihnen ein Bett zu sehr erträglichem Preis anbieten. Sie können solche Angebote ohne weiteres annehmen, wenn Ihnen der/die Anbieter/in gefällt.

Wenn die lange Gefällestrecke scharf nach rechts abbiegt, gehen Sie weiter geradeaus und nach

KOMPASS INFO

Die Kathedrale, die der Pilger durch das Pilgerportal von der Praza da Inmaculada her betritt (nicht von der Praza do Obradoiro aus durch die Westfassade), hat wie die Stadt eine wechselvolle Geschichte. Von der ursprünglichen Kirche aus dem 9. Jh. ist nichts mehr vorhanden. Ab 1060 wurde eine romanische Kirche errichtet, die Sie innerhalb der Kathedrale aufsuchen können. Darüber entstand später der heutige Dom. Die großartige Fassade im Westen wurde 1747 vollendet. Berühmt ist der riesige Weihrauchkessel, der an einem langen Seil durch das Kirchenschiff geschwenkt wird. Er diente früher hauptsächlich als „Deodorant" für das Innere des Gotteshauses, in dem durchgeschwitzte Pilger auf den Emporen schliefen. Hinter dem Hochaltar befindet sich die Gruft des Heiligen. In den Hochaltar eingearbeitet steht eine große Jakobusfigur, die man von der Rückseite aus umarmen kann. Den Silbermantel zu küssen bedeutet für gläubige Pilger den Schlusspunkt der Wallfahrt.

Santiago de Compostela: die Kathedrale.

50 m eine Treppe hinunter. (Radfahrer seien gewarnt!) Unterhalb der Treppe betreten Sie hinter einer Autobahnbrücke das eigentliche Stadtgebiet von Santiago. Die Eisenbahnstrecke führt von A Coruña nach Lugo. Nach dem ersten großen Kreisel kommt man am Kongress- und Ausstellungspalast vorbei.

Auch am nächsten Kreisel geht man geradeaus und kommt bald an die Iglesia San Lazaro, daneben eine Wasserstelle und der Entfernungsstein „2574 m" bis zur Kathedrale (UTM 539178/4748340). Nach der nächsten Ampel gehen Sie 100 m weiter schräg links. An einer Treppe links können Sie zu der ersten Privat-Herberge hinuntersteigen. Der Camino führt geradeaus weiter durch die Rúa Terzias Fontiñas. Man kann sich hier auf die gelben Pfeile verlassen, zumal man ohnehin praktisch nur geradeaus läuft. Auch an der nächsten riesigen Kreuzung geht es geradeaus, jedoch sollte man rechts die Fußgängerampel benutzen. Nach einer kleinen Weile kommt man an einem hohen Steinkreuz in die Rúa de San Pedro. Dort geht es schräg rechts zur Kathedrale. Die Straße wird immer schmaler – und schon können Sie die Türme der Kirche über den Dächern entdecken. Sie gelangen an eine Art Straßenstern (Porta do Camiño), das alte Stadttor von Santiago und gehen nun ein wenig links-geradeaus in die Rúa das Casas Reais. Die Plätze Praza de S. Parga und Praza de Cervantes werden gequert – und dann stehen Sie an der Praza da Inmaculada vor oder besser: neben der Kathedrale (UTM 5371200 / 4747688), die Sie durch die Pilgerpforte betreten wie Millionen Pilgerinnen und Pilger vor Ihnen. Geschafft!

0 1000 m

KOMPASS INFO

Santiago de Compostela ist eine moderne Großstadt (etwa 100.000 Ew.) und Verkehrsknotenpunkt mit Industrie, Handel, Kongresszentrum, Flughafen (Codierung: SCQ) und allem Drum und Dran. Die Universität wurde 1501 gegründet. Die Stadt ist Sitz eines Erzbischofs. Der Name bedeutet ungefähr „Heiliger Jakobus am Feld mit dem Stern". In „Compostela" stecken die lateinischen Worte campus (Feld) und stella (Stern). Ausgrabungen belegen, dass schon die Römer im 1. Jh. hier waren. Im 9. Jh. erklärte ein Bischof aufgefundene Gebeine zu Reliquien des Hl. Jakobus d. Ä., einem Jünger Jesu, der allerdings schon im 1. Jh. in Jerusalem geköpft worden war. Im 11./12. Jh. stieg Santiago de Compostela, nachdem die Araber es zuvor zerstört hatten, zu einem der drei bedeutendsten Wallfahrtsorte der Christenheit neben Rom und Jerusalem auf. Kein Wunder, denn Pilger, die die Kathedrale erreichten, bekamen alle Sünden vergeben – das ist bis heute so. Selbst Mord wurde mitunter früher auf diese Weise gesühnt. Die Reise war lebensgefährlich, und zurück musste man schließlich auch noch.

Ihre Pilgerurkunde, die Compostela, bekommen Sie im Pilgerbüro neben der Kathedrale in der Rua do Vilar. Ein Stück weiter ist auch die Tourist-Information. Sofern Sie im Büro angeben, dass Sie die Reise aus religiösen oder spirituellen Gründen unternommen haben, wird die Compostela in Latein ausgefertigt, Ihr Name wird wie im Mittelalter latinisiert. Haben Sie keine derartigen Gründe, sieht das Ganze etwas einfacher aus.

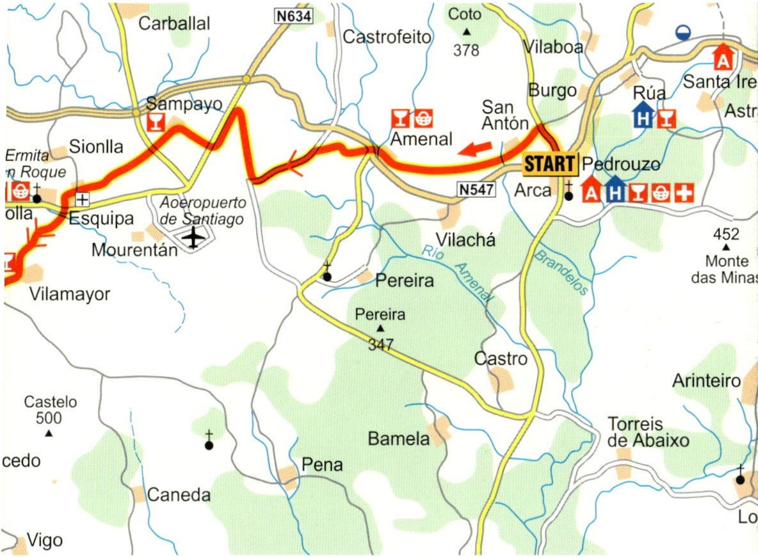

38. Tag: Santiago de Compostela – Negreira

Und nun noch zum Atlantik

Ausgangspunkt: Santiago de Compostela | **Charakter:** Ständiges „galizisches" Auf und Ab, mit vielen Eukalytuswäldern und Farnen, insgesamt sehr schön und mittelmäßig schwierig
Unterkunft/Einkehr: Pontemaceira: Albergue im Restaurant Puente Maceira, Bar, Wasser; **Negreira:** Albergue, Hotel, Bars, Apotheken, Supermärkte, Läden; **Quintáns:** Bar; **Ventosa:** Bar; **Augapesada:** Bar; **Portanxil:** Bar

Mittelschwer | 21 km | 5,5 Std.

Ihr Start vor der Kathedrale in Santiago auf der Praza do Obradoiro hat ein UTM von 537090/ 4747669. Gehen Sie zum Parador-Hotel und an diesem entlang die Treppe hinunter in die Rúa das Hortas und dann bis zu einer Ampelregelung (Campo das Hortas). Überqueren Sie den Straßenstern in die Rúa do Cruceiro do Gaio und gehen dann über die nächste Kreuzung hinweg in die Rua da Poza de Bar. Sie kommen an einen Park mit wuchtigen Eichen und gehen schräg rechts hinein. Ein Brunnen sprudelt links Ihres Weges.

Nach einer kleinen Weile kommen Sie an eine mittelalterliche Brücke, die Ponte Sarela und danach an die verfallene Parroquia de San Fructuoso Lugar de Puente Sarela, an der jedoch bei Redaktionsschluss gebaut wird. Sofort hinter der ehem. Kirche gehen Sie nicht rechts den Steinweg, sondern links daneben den Fußweg.

Nach einer Weile bergauf kommen Sie an eine Teerstraße mit Wegweiserstein. Hier erleben Sie etwas Neues: eine Messingplatte bei UTM 535226/4747483 sagt Ihnen die metergenaue Entfernung nach Muxia, in diesem Fall 86,963 km. Zum Leuchtturm von Kap Finisterre (galizisch: Fisterra) ist es ungefähr genauso weit. Von hier haben Sie noch einmal einen hübschen Blick zurück auf die Kathedrale von Santiago, und wenn es am Morgen ist, auf deren Silhouette.

Wenden Sie sich nun nach links. Am Haus mit der Nummer 53 (ein längeres weißes Gebäude) biegen Sie rechts ab. Später aus dem Wald heraustretend gehen Sie rechts eine Asphaltstraße. Sobald sie zu

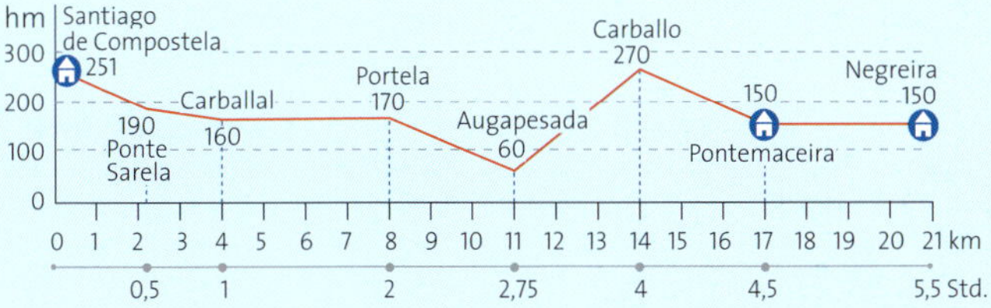

steigen beginnt, verlässt man sie in einer scharfen Rechtskurve nach links-geradeaus UTM 534222/ 4747456).

Bei UTM 533788/4747479 biegt man an einem platzartigen Wegestern rechts ab. In Carballal haben Sie gegen Ortsende bei UTM 533455/ 4747403 die Wahl zwischen Landstraße und Nicht-Landstraße. Für Letzteres gehen Sie am Grundstück Nummer 34 rechts den Berg hinauf.

Ungefähr 2 km weiter kommen Sie bei UTM 532263/4747727 nach Quintáns. Wenn Sie die Durchgangsstraße erreichen, gehen Sie 30 m nach links und an der Haltestelle sofort wieder rechts (oder 30 m nach rechts zu einer Bar, wenn Sie mögen). Bei UTM 531262/4747648 biegt man an einem Wegedreieck rechts ab. Nach abermals einer Weile biegt man bei UTM 530958/4747656 vor Erreichen der nächsten Häuser rechts ab.

Schließlich kommen Sie an einer Bar auf dem Alto do Vento vorbei (UTM 530698/ 4747675) und gehen rechts an der Hauptstraße (AC-453) entlang nach Ventosa.

Noch 44 km zum Atlantik.

KOMPASS INFO

Carballo
In dem Ortsnamen steckt das Wort Pferd, und die brauchte man früher reichlich, um die steile Passhöhe zu bezwingen. Das Klima ist buchstäblich mediterran: Palmen, Oleander und viele Pflanzen, die man eigentlich aus dem Mittelmeerraum kennt. Das kommt durch den nahen Mittelatlantik, den Golfstrom und die Berge, die dafür sorgen, dass keine eisigen Nordwinde die Botanik zerstören.

Dort verlassen Sie die AC-453 an einer Bushaltestelle in einer lang gezogenen Linkskurve nach rechts (UTM 530366/ 4748138). Der nächste Ort, der mit Ventosa praktisch verschmolzen ist, heißt Lombao. Der folgende Ort, an dem Sie kurz innehalten sollten, ist am Ende der langen schnurgeraden Landstraße Augapesada. Dort gibt es links der Straße eine kleine, fotogene Brücke (UTM 528575/4748603), die sogar noch aus der Römerzeit stammen könnte, wenn man sich die Konstruktion anschaut. Hier verlassen wir die AC-453 nach links. An der nächsten (kleinen) Nebenstraße gehen Sie nach rechts. An deren Ende führt ein Schotterstäßchen bergan, das schon bald ziemlich steil wird. Dieses Stück Weg bekommt wegen seiner Steigung die Klassifizierung „mittelschwer". Bald berühren Sie eine Asphaltstraße, die noch steiler als Ihr bisheriger Fußweg ansteigt. Sie gehen an dieser Stelle rechts weiter. Bei Km 76,08 kommen Sie abermals an die Straße und gehen wieder rechts im Wald weiter.

An der Passstraße steht bei UTM 527341/4748565 ein Sendemast mit ziemlich vielen Antennen. Ein Stück weiter, noch in der Steigung, finden Sie eine Wasserstelle mit gut schmeckendem Quellwasser. Danach kommt die Passhöhe mit einem UTM 526871/4748723 und einer Entfernung von der Kathedrale von 14 km. Von hier oben hat man einen schönen Fernblick, ehe man nach Carballo kommt. Im nächsten Ort Trasmonte (UTM 525830/4749069) finden Sie eine Bar. Über Reino erreichen Sie die mittelalterliche Brücke von Pontemaceira (herrliche Fotomotive!). Aus der Gartenwirtschaft am Brückenkopf wurde der Autor inklusive seiner Kamera hinauskomplimentiert, als er etwas trinken wollte. Zufall? Jedenfalls sollten Sie behutsam mit der Kamera umgehen.

Am jenseitigen Brückenkopf kommen Sie an die mittelalterliche Capilla San Blas (geschlossen). Halten Sie sich links und bald darauf an einer Wasserstelle (köstlich schmeckend!) abermals schräg links. Bei dem km-Stein 69,949 biegen Sie scharf links ab und folgen dann dem Flusstal.

Bei UTM 524246/4750061 verlassen Sie die Straße schräg links auf einen Auenweg.

An einer Bushaltestelle (UTM 523608/4750197) kommen Sie aus dem Grünen wieder an die Landstraße und gehen links nach Barca. 100 m hinter dem Ortsschild biegen Sie, ohne dass dies besonders markiert wäre, schräg rechts auf die frühere Landstraße ab. Erst in der Einfahrt sehen Sie den km-Stein 70,107 (wenn Sie davor stehen). So vermeiden Sie den Weg an der doch viel befahrenen Landstraße. Wo die alte Dorfstraße auf die neue AC-544 trifft (UTM

Manche Pilger wandern noch zur Küste.

523015/4750417), kreuzt man nach schräg links. Ein gelbes Kreuz, auf den Seitenstreifen gemalt, bedeutet Ihnen, die Chaussee nicht weiterzugehen. Achtung! In Barca sind wiederholt blaue Kacheln mit der gelben Jakobsmuschel falsch einzementiert. Man weiß nicht so genau, ob man geradeaus gehen oder rechts abbiegen soll.

Wenn Sie die AC-544 überquert haben, wandern Sie einfach immer geradeaus, passieren Chancela (UTM 522455/4750605) mit seinem alten (Ritter)gut und der typischen großen Umfassungsmauer solcher Anlagen und kommen bald darauf nach Negreira, dem heutigen Tagesziel. Gleich am Ortsanfang finden Sie ein Hotel, im Ort Supermärkte und vielerlei Läden sowie am Ortsende, ein wenig außerhalb, die Albergue. Alle Einrichtungen, die Sie hier so reichlich vorfinden, werden Sie auf den nächsten 40 oder 50 km ebenso reichlich vermissen. Daher sollten Sie sich mit Getränken und Verpflegung eindecken – unterwegs gibt's fast nichts. Wenn Sie in Negreira die Hauptstraße erreicht haben, überqueren Sie einen Kreisel. Nachdem Sie um eine scharfe Rechtskurve gebogen sind, gehen Sie am nächsten Fußgänger-Überweg links, kommen zu einem alten Stadttor und einer Flussbrücke und biegen dahinter an der nächsten Straße links ab (UTM 521174/4750446). Ein Stück bergwärts geht es geradeaus zu der Pilgerherberge (schöner Talblick), während der Camino am Wegweiser „Negreira Iglesia" rechts abbiegt.

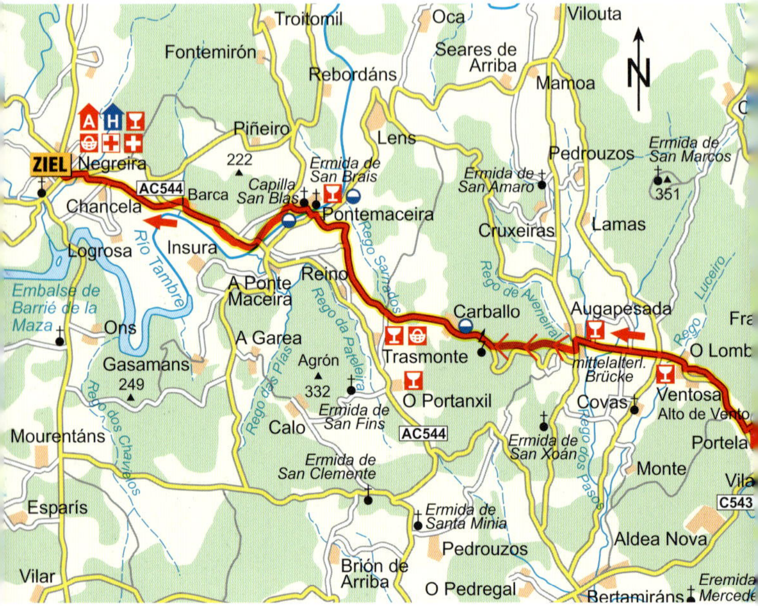

KOMPASS

0 1000 m

Mittelalterliche Brücke von Pontemaceira.

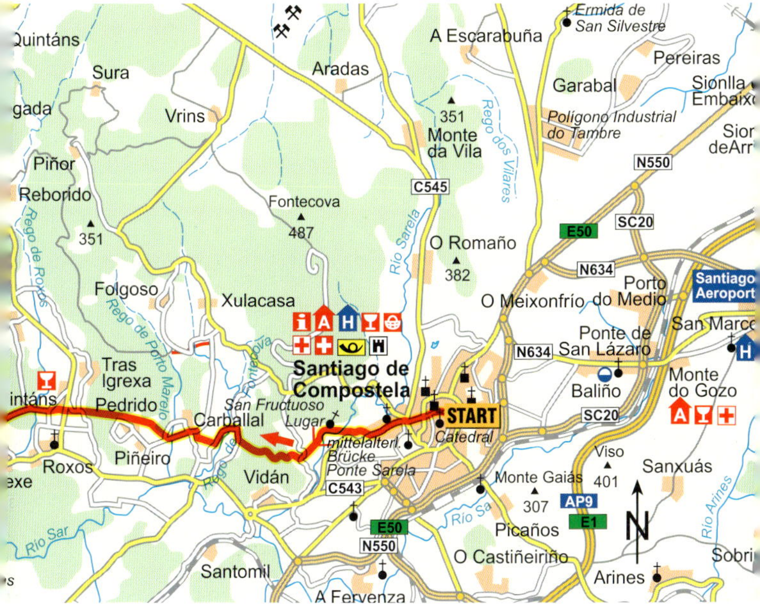

39. Tag: Negreira – Olveiroa

Eine schöne Wanderung durch ein schönes Stück Galizien.

Ausgangspunkt: Negreira | **Charakter:** Fast flach, jedoch sehr weit – man kann mangels Albergues kaum abkürzen! **Unterkunft/ Einkehr: Vilaserio:** Albergue, Bar mit Taxi-Service; **Santa Mariña:** Bar; **A Picota:** Hotel (2,5 km abseits des Camino); **Olveiroa:** Albergue, Bar + Hostal

Mittelschwer | 34 km | 8,5 Std.

Von der Albergue ein Stück zurückgehend und dann links bergauf Richtung Kirche und Friedhof wandern Sie im nächsten Dorf bis zu einer Steinsäule mit einer Jakobsmuschel. Dort gehen Sie geradeaus, drehen also innerorts nicht links ab. Bei UTM 520708/ 4750448 biegt man in einer Kehre der schmalen Straße nach schräg links in den Wald ein (Km-Stein 66,820). Es folgt ein längerer, jedoch nicht unangenehmer Anstieg um ungefähr 90 Höhenmeter, ehe man bei Zas wieder die Landstraße erreicht. Man folgt ihr bis in den Ort und wandert dort an einer Bushaltestelle (UTM 519284/ 4750905) über einen großen Wendeplatz und vorbei an zwei Horreos nach rechts. An einem Dorfplatz nach der Kirche geht man bei den Häusern 18 und 19 links.

Merke: In dieser Gegend sind die Muscheln in der Regel so angebracht, dass sie vom Fußpunkt in Strahlenrichtung zum Ziel zeigen.

Biegen Sie am Ende des Betonweges links in einen Hohlweg ab (UTM 519045/4751217).

Vor dem nächsten Dorf hält man sich an einem T-Stück rechts, um kurz darauf wieder links in einen Trampelpfad einzuschwenken. Nach einer ganzen Weile kreuzt man eine schmale Asphaltstraße und geht gegenüber im Wald weiter (UTM 517713/4751995). Das Gleiche gilt für die nächste querende Forststraße. Später, an einer Wegegabel bei UTM 517023/4752525 wenden Sie sich schräg rechts. Dann sind Sie in Rapote (UTM 516571/4752870) angelangt. Zuvor gibt es eine Wasserstelle. Am Ende des Betonweges hält man sich an dem letzten Silo links auf einen Schotterweg. Ungefähr 2 km weiter finden Sie in Portocamiño eine Bar und die Wallfahrtskirche San Mamede (UTM 515552/4753268).

Wenn Sie wieder auf die Landstraße gekommen und ein Stück

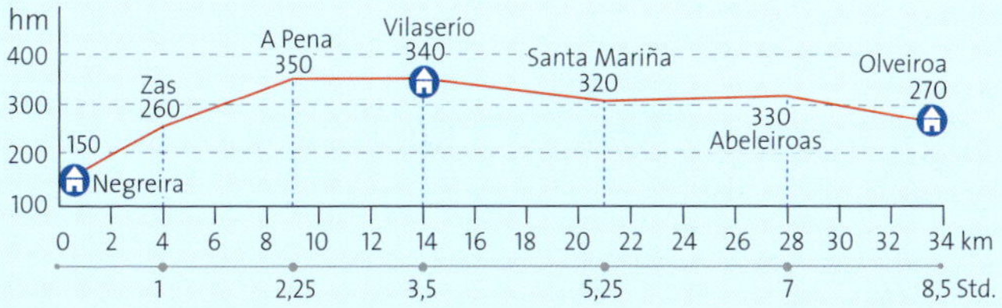

gegangen sind, biegen Sie an einem größeren weißen Haus rechts ab in den Wald (deutlich markiert). Später kommen Sie abermals auf die Landstraße, der Sie ziemlich lange folgen. Der nächste Ort voraus mit Bar heißt Vilaserío. Ein Stückchen hinter dem Ortsschild biegt man vor einer scharfen Straßenkehre links in den Wald ein, um diese zu umgehen. Sobald man wieder auf sie stößt, geht man schräg rechts. Dort ist auch die Bar, eine der wenigen auf der gesamten Strecke. Am Ortsende von Vilaserío gibt es neuerdings rechts von der Straße eine Albergue. In der folgenden Gegend gab es schwere Waldbrände, die dazu geführt haben, dass der Camino teilweise umgeleitet oder verlegt wurde. Die Wegbeschreibung bis Corzón muss also nicht unbedingt stimmen und kann sich immer

Der Camino ohne Ausweichmöglichkeit.

KOMPASS INFO

Dumbria ist ein Bezirk in Galizien mit 125 qkm und 4800 Ew., durch den der Camino führt. Er grenzt im Westen an Finisterre, Cee und Muxia und bildet im Süden die Grenze von Galizien. Im Norden ist er Küstenregion mit einem der schönsten Wasserfälle Europas am Rio Xalla. Es gibt prähistorische Höhlen aus der Megalithzeit, einen Dolmen in Pedra de Arca und Burganlagen, etwa das Castro Teixoeiras oder das Castillo de Logroso. Landschaftlich ist die Gegend sehr reizvoll mit Bergen, Meer und sehr viel Grün.

wieder ändern. Daher: Bitte sorgfältig auf die Beschilderungen im Gelände achten.

Ein Stück hinter Vilaserio biegen Sie vor Pesaduira rechts ab und kommen nach ungefähr 5 km, mehr oder weniger geradeaus und auf Feldwegen, nach Maroñas und Santa Mariña mit seiner mittelalterlichen Kirche Santa Mariña. Aus schriftlichen Aufzeichnungen aus dem Mittelalter wissen wir, dass genau hier der Camino verlief. Dort gibt es eine weitere Bar.

Ein Stückchen hinter dem Ort geht man rechts nach Bo Xesús und hält sich dort links nach Vilar do Castro. Man kommt am höchsten Punkt der Gegend, dem Monte Aro (556 m) vorbei und wandert auf angenehmen Wegen vorbei an Abeleiroas, biegt bei UTM 500747/4756167 an einer Straßengabel rechts ab und genießt eine sehr schöne Heidelandschaft. Der Km-Stein 39,182 steht vor einem steilen Felsrücken – hier würde es sicherlich Vergnügen bereiten, zu zelten. Ob es erlaubt ist, ist eine andere Frage ... 100 m weiter biegt man links ab. 3 km weiter kommen Sie an einen Friedhof (Corzón / San Cristovo) und wenden sich bei UTM 499639 /4756575

0 1200 m

nach links zu einem Bauerngehöft. Auf der Landstraße geht es weiter, bis Sie auf die nächste Landstraße (CP-3404) stoßen und ihr nach rechts folgen. Sie kommen zu der Brücke von Olveira über den Rio Xallas, der die Grenze zu Dumbria bildet. Nun sind es noch ungefähr 2 km bis Olveiroa, wo Sie übernachten müssen (Albergue, kleines Hotel mit Bar), weil es danach bis Cée nichts mehr zum Übernachten gibt. Auch sollten Sie sich vielleicht in der Bar mit Vorräten eindecken, da es nur noch eine einzige Bar unterwegs geben wird. Keinen Laden, keinen Supermarkt, nichts.

Wanderer auf dem Weg zur Küste.

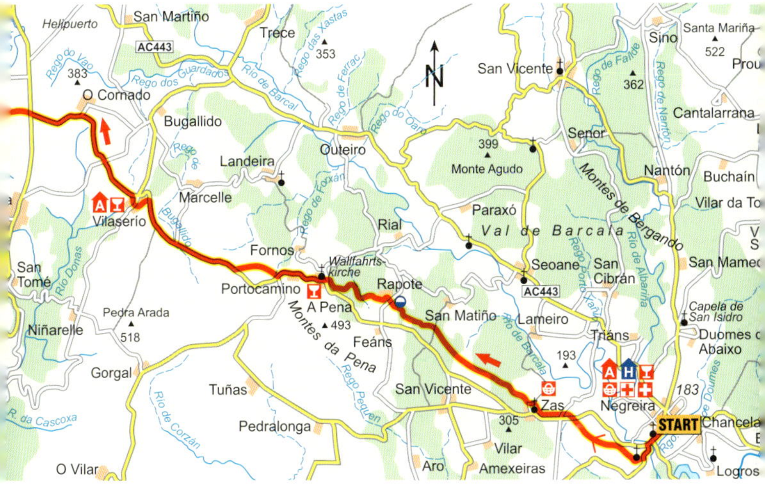

40. Tag: Olveiroa – Fisterra – Cabo (Kap) Fisterra

Zum guten Schluss: Einsam und weit durch Heide und Wälder.

Ausgangspunkt: Olveiroa | **Charakter:** Der Länge, des ständigen Auf und Ab und der wenigen Verpflegungsmöglichkeiten (Bars) wegen recht anstrengend; trotzdem: schön und empfehlenswert | **Unterkunft/Einkehr: Hospital:** Bar am Camino (beim Hüttenwerk), keine Übernachtung im Ort; **Cee:** Hostals, Bars, Apotheke, Läden. (Achtung: frühere Albergue geschlossen!); **Corcubión:** Hostals, Bars; **Finisterre/Fisterra:** Albergues, Hostals, Bars, fast alle Läden

Schwer | 34 km | 8,5 Std.

Von der Albergue gehen Sie ein kleines Stück zurück und biegen dann innerorts rechts ab zu der Bar (Übernachtungsmöglichkeit). 50 m vor der Landstraße nach Hospital biegen Sie links über eine Bachbrücke ab. Am nächsten Strommast gibt es gleich drei Pfeile: zwei nach links oben (das ist Ihr Weg) und einen ganz nach links, das ist die Gegenrichtung. Also dem Beton und danach dem Asphalt folgen.

KOMPASS INFO

Sie wundern sich, dass wir manchmal Finisterre und manchmal Fisterra sagen? Das eine ist Spanisch-Kastilisch, das andere galizisch, und beides meint unseren Zielort.

Hinter einer scharfen Rechtskurve biegt man rechts auf eine Schotterstraße Richtung der Windräder ab (UTM 29T 496368 / 4756714). Eine schöne Heidelandschaft erwartet Sie. „Hinter den sieben Bergen bei den sieben Zwergen …" liegt ein verwunschener, ganz schmaler aber langer Stausee, der Encoro da Ponte Olveira, links im Tal neben Ihnen.

Bei UTM 494717/4757430 biegt ein breiter Fahrweg bergwärts. Sie gehen jedoch geradeaus. Am Ende des nächsten einsamen Weilers gabelt sich der Weg nach dem letzten Haus: gehen Sie links. Eben noch in freier Natur, beinahe fernab jeglicher Zivilisation, erblicken Sie am Horizont plötzlich ein Industriewerk, des Ruhrgebiets wür-

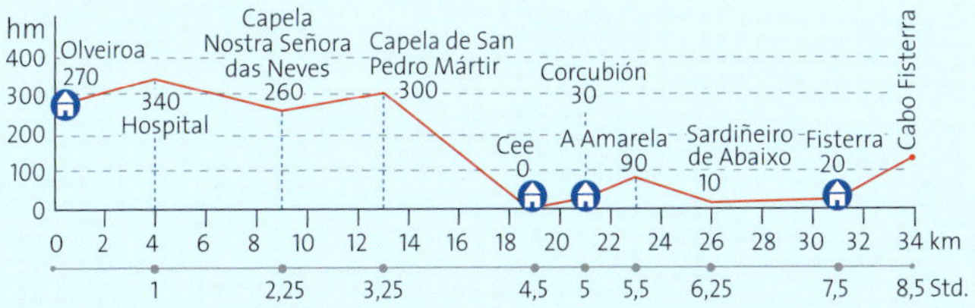

dig. Rechts daneben sehen Sie ein einzelnes Haus. Das ist ihr nächstes Ziel, eine Bar (die einzige weit und breit und für viele Kilometer, nämlich zwölf). Gehen Sie am nächsten T-Stück rechts und sofort wieder links auf die CP-3404. Den Ort Hospital (rechts) lassen Sie unbeachtet. Die große Fabrik links ist ein Hüttenwerk der Firma Ferroatlántica. Biegen Sie an der Bar rechts auf die alte Fahrbahn ab, um bald darauf einen großen Kreisel zu erreichen (UTM 29T 493023 / 4759292) . Geradeaus geht es nach Muxia (siehe Beschreibung Seite 218), links nach Fisterra. Bald nach dem Haupttor der Hütte biegen Sie rechts über den Straßengraben hinweg ab (auf Markierung achten). Fortan gehen Sie mehr oder weniger immer geradeaus, kreuzen eine weitere Landstraße, biegen etwas später

Die Bucht von Finisterre.

Das Leuchtfeuer von Kap Fisterra.

nach links zu einem hohen Sendemast und nach ihm an einem T-Stück nach rechts ab.

Schließlich erreichen Sie in einem Tal die Capela Nostra Señora das Neves (UTM 489645/4758597). Jedes Jahr im September gibt es dort ein Wallfahrts-Fest. Auf der anderen Talseite darf man wieder steigen. Galizien pur ... Wenn Sie nach längerer baumloser Strecke an einen abgebrannten Wald und vor ihm an einen Wegestern kommen, biegen Sie links ab und bleiben außerhalb der verkohlten Bäume. Hier sieht man einen der Gründe, warum der Camino mitunter umgeleitet oder gar verlegt wird. Vorbei an der Capela da San Pedro Mártir zweigt 2,5 km weiter ein gepflasterter Weg schräg rechts ab zum Cruzeiro da Armada, dem „Kreuz der Armada" (100 m). Von dort hat man einen wunderbaren Blick hinunter zur Bucht von Corcubión. So schön die Aussicht auf die See auch ist: Nun müssen Sie rund 300 Höhenmeter absteigen, und zwar auf ziemlich unangenehmem Pfad, jedoch bei immer wieder prächtigen Ausblicken auf die Bucht. Das ist ziemlich viel Gefälle, besonders wenn man drüben auf der anderen Seite der Bucht wieder hinauf muss. Ein wenig weiter sehen Sie in der größeren Bai hinter den Bergen zum ersten Mal den Leuchtturm von Finisterre. Er ist das Ziel der Reise, von dem Sie noch ungefähr 15 km trennen.

Unten in Cee (Hotels, Apotheke, Läden) halten Sie sich zunächst rechts und bald danach links zum Hafen hinab. Letztlich müssen Sie um die Bucht herum gehen. Es erscheint uns vernünftig, Ihnen nur die Generalrichtung „um die Bucht" zu geben, da man in Cee die verschiedensten Straßen wandern kann und doch immer richtig ankommt (wenn man nicht gerade nach Norden marschiert). Der Ort dort drüben heißt Corcubión. Achtung: In älteren Führern ist eine Albergue in den Bergen südlich von Corcubión Richtung Fisterra verzeichnet. Sie war bei Redaktionsschluss geschlossen.

Am Ortsausgang von Cee, schon an der Westseite der Bucht, steht ein großes Werbeschild „Corcubión". Dort müssen Sie schräg rechts nach oben abbiegen. Etwas erhöht an einer Hauswand sehen Sie die

Jakobsmuschel. Vor der nächsten innerörtlichen Straßengabel vor einem spitzwinkligen Haus gehen Sie rechts und dann mit einem kleinen rechts-links-Schlenker weiter. Neben einer kleinen Kirche müssen Sie an den Häusern Nr. 17 und 15 vorbei Richtung Wald steigen, dort aber auf dem Beton bleiben. Oben kommen Sie in O Vilar an eine innerörtliche Straßenkreuzung, an der Sie nach rechts oben abbiegen. Am Ortsende überquert man die viel befahrene C-552. An der ehemaligen Albergue (großes Gebäude links) vorbei biegt man 100 m weiter bergab an einem schmiedeeisernen Tor „San Roque" rechts und dann sofort wieder links ab. Sie kommen nach A Amarela.

Am Ortsende ist höchste Vorsicht geboten: Sie müssen vor einer kaum einsehbaren, dafür „schnellen" Kurve (plus Fahrbahnverengung, die die Chauffeure mental ablenkt) hinüber auf die andere Straßenseite. Weiter unten hat man die Landstraße abermals zu queren. Die Badebucht links heißt Sardinenfischerbucht (Praia de Sardineiro), der Ort Estorde. Links am Horizont, jedoch beileibe nicht auf dem höchsten Punkt, erblicken Sie wieder den Leuchtturm von Fisterra.

Freuen Sie sich nicht zu früh über die Meereshöhe. Im folgenden Sardiñeiro de Abaixo müssen Sie noch einmal steigen, und schön ist es dort oben eigentlich auch. Vor einem Haus mit dem Wort „Aparthotel" biegen Sie rechts und vor einem großen Horreo gleich wieder links ab (Rua Nova). Wandern Sie an deren Ende rechts bergauf. Später wird der Weg sogar noch zum richtigen Wald-Trampelpfad

Der Kilometerstein Null.

in 70 m Höhe über dem Meer. Wer hätte das gedacht!

Und dann sehen Sie Fisterra in all seiner Schönheit vor sich liegen. Rechts die neuen Ortsteile, geradeaus der Fischerhafen (dort ist die Pilgerherberge), ganz links auf dem Kap das heutige Hotel (früher militärische Seeüberwachung) und daneben den Leuchtturm, dessen Lichtstrahlen über 50 km weit tragen und noch heute für die Schifffahrt Bedeutung haben. Bei UTM 479928/4752755 steht eine Steinsäule links der C552 (Corredoira de Don Camilo). In diese Straße biegen Sie schräg links ab – hinunter zum Meer und einem langen Strand. 2 km schöner weißer Sand an einer weiten Bucht, der Praia da Langosteira. Sie brauchen nicht durch den Sand zu laufen. In den Dünen gibt es einen breiten gepflasterten Weg bis an den Rand von Fisterra. Zur Albergue geht man in den Ort hinein und wendet sich dann links Richtung Hafen. UTM der Herberge 478529/4750601. Wenn Sie später mit dem Bus zurück nach Santiago de Compostela fahren und damit die Heimreise antreten wollen: Er hält früh morgens, zeitlich gut passend, direkt bei der Albergue. Gegenüber gibt es eine Bar, in der Sie noch frühstücken können. Der Fahrpreis ist erschwinglich, und das timing passt, um den Jet nach Deutschland am Nachmittag zu erreichen. Es wäre bei den modernen Pilgern ja gar nichts dagegen

zu sagen, wenn sie ihre Sachen restlos bis auf ein bisschen Asche verbrennen würden. Stattdessen hat sich eingebürgert, dass man irgendwelche entbehrlichen Sachen, z.B. Strohhüte, fortwirft, schmutzige Strümpfe liegen lässt oder bestenfalls mit dem Feuerzeug ein wenig anschmort, ehe man sie in die Felsen wirft. Das Kap beginnt, sich in eine wilde Müllkippe zu verwandeln. Hat das Sie durch die alten Gassen von Fisterra in südlicher Richtung. Sie kommen an die mittelalterliche Iglesia Santa Maria und steigen auf der breiten Fahrstrasse noch einmal 140 m nach oben. Herrlich ist der Blick auf die Bucht. Dann kommen, wie könnte es anders sein, Parkplätze und neuerdings eine Schranke. Danach haben Sie es endgültig geschafft. Sie stehen neben dem Leuchtturm am Kilo-

unser Reiseziel verdient? Lieber Peregrino, liebe Peregrina, nehmt eure alten Strohhüte und schmutzigen Klamotten wieder mit und werft sie dorthin, wohin sie gehören: in die Tonne! Bleibt zum guten Schluss noch der absolute Höhepunkt der Verlängerung seit Santiago de Compostela: der Kilometerstein Null auf dem Kap. Gehen meterstein Null! Nur schade, dass Souvenirjäger ihn mit schöner Regelmäßigkeit beschädigen. Gehen Sie am Turm links vorbei in die Klippen. Dort ist es ein bisschen ruhiger, und es steht ein steinernes Kreuz im abfallenden Hang. Jeder, der dieses Pilgerkreuz nach fast 1000 Kilometern Wanderung anfasst, wird gerührt sein:

Du hast es geschafft!

Autor und Verlag wünschen Ihnen, dass Sie der Camino vielleicht ein wenig verändert und nachdenklich gemacht hat. In jedem Fall haben Sie eine großartige Leistung vollbracht, und dazu gratulieren wir Ihnen ganz herzlich. Kommen Sie gut heim!
Klaus Harnach

40. Tag: Olveiroa – Muxia

Zum Heiligtum Santa Maria de la Barca in Muxia

Ausgangspunkt: Olveiroa
Charakter: einfach, relativ weit | **Unterkunft/Einkehr: Dumbria:** Hostal As Pias, Casa Curiña; **Muxia:** Albergue (nimmt nur Pilger auf, die zu Fuß oder mit dem Rad unterwegs sind; nicht für Busreisende), Hostals, Tienda, Apotheke

Leicht 27 km 8 Std.

Die Strecke von Olveiroa über Hospitál und Dumbria nach Muxia ohne Umweg über das Kap Finisterre wird nur von wenigen Pilgerinnen und Pilgern begangen. Viele wandern (oder fahren mit dem Bus) nach Finisterre und nehmen erst dann Kurs auf Muxia. Man ist also ziemlich allein und kann die schöne Landschaft genießen.

Gehen Sie an dem Kreisel bei dem Hüttenwerk der Ferroatlántica hinter Hospitál (UTM 29T 493023/

KOMPASS INFO

Muxia, ein Ort an der Costa da Morte (der Todesküste) mit etwa 5000 Einwohnern, ist, wie man unschwer an dem „X" erkennen kann, der galizische Name des – streng genommen – westlichsten Punkts Spaniens. Das ist das Cabo Touriñan mit seiner Illa Herboso, das verwaltungsmäßig zu Muxia gehört. Das Gemeindegebiet umfasst etwa 122 km und erlangte 2002 traurige Berühmtheit durch das Schiffsunglück der „Prestige", das eine große Ölpest verursachte.

Ziel aller Pilgerreisen nach Muxia ist die Iglesia Nostra Señora da Barca. Ein riesiger Felsbrocken vor dem Heiligtum ist der Legende nach das versteinerte Schiff der Jungfrau Maria, die dem Apostel Jakobus bei seiner Missionsarbeit zu Hilfe kam.

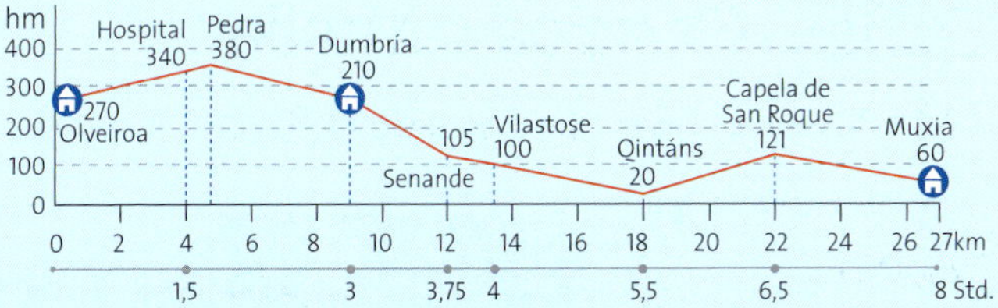

4759292) geradeaus weiter nach Dumbriá. Dort können Sie Santa Eulalia einen kurzen Besuch abstatten. Mehr oder weniger entlang des Rio Fragoso führt der Weg nach Senande, dann weiter nach Agrodosío und Vilastose. Hier biegt man rechts ab und geht etwa ziemlich genau in nördlicher Richtung nach Quintáns. In Quintáns gibt es die Capela de San Isidoro. Halten Sie sich danach links und dann wieder rechts-links, um nach San Martiño de Ozón (romanische Ursprünge) zu gelangen. Zwei Kilometer weiter westlich kommen Sie über Os Muíños zum romanischen Kloster San Xulián, in dem schöne gotische Wandmalereien erhalten blieben. Von den 121 Metern Höhe bei der Capela de San Roque bei Figueiras de Arriba haben Sie einen schönen Ausblick, ehe Sie zwei Kilometer weiter das Ende Ihrer Reise in Muxia erreichen.

Cabo Fisterra/Finisterre nach Muxía

Eine Abstiegswanderung als Einsteigertour

Ausgangspunkt: Cabo Fisterra | **Charakter:** mittelschwer, relativ weit **Unterkunft/Einkehr: Lires:** Hostal, Bar, **Muxía.** Albergue, Hostals, Tienda, Apotheke

Mittelschwer | 29 km | 8,5 Std.

Der Wanderweg von Fisterra nach Muxía ist wunderschön. Gehen Sie zunächst in Fisterra zurück bis zum Abzweig Richtung San Martiño de Abaixo und folgen der Landstraße oder zweigen erst in San Martiño de Duio links ab. In Ermedesuxo de Abeixo zweigen Sie entweder rechts nach San Salvador de Duio und zum Cruz da Rapadoira ab oder Sie bleiben geradeaus bis Denle. Dort geht es links ab auf Feld- und Waldwegen nach Padrís, das man allerdings genau so gut auf der Landstraße erreichen kann. Padrís ist auch das Nahziel vom Cruz da Rapadoira.

Von Padrís können Sie entweder auf der Landstraße oder, schöner, durch Eukalyptuswälder nach Lires wandern. Hier gibt es noch einmal eine Bachquerung, wie wir sie von früher kennen: Nach langer Trockenheit problemlos, nach längerem Regen tückisch.

Danach sind etwa 100 Höhenmeter Steigen angesagt. Man überquert die CP-2301, erreicht nach etwa 2 km Guisamonde und nach weiteren 2 km Morquintián. Etwas über 5 km querab im Westen liegt jetzt der westlichste Punkt Festland-Spaniens, das Cabo Touriñán. Ungefähr 4 km weiter treffen Sie auf die CP – 5201 hinter Xurarantes, der Sie Richtung Muxía folgen. Sie erreichen die Küste, kommen an einem Sportplatz vorbei und sind 1,5 km weiter mitten in unserem Zielort. Santa Maria liegt am Hafen, das Santuario de Nosa Señora da Barca noch einmal 800 m weiter. Das Kap heißt Punta da Barca und bedeutet das Ende Ihrer Pilgerreise.

0 1000 m

Index